A mis lectores,
quienes con su buena intención
y su aprecio me animaron
y apoyaron en la creación de este libro

GABRIELA CIUCUROVSCHI

HABLA CON TU HIJO

BENEFICA
INTERNATIONAL

Descrierea CIP a Bibliotecii Naţionale a României
CIUCUROVSCHI, GABRIELA
Habla con tu hijo/ Gabriela Ciucurovschi ; trad.: Andreea Bouaru;
red.: Estrella Brillo Rodríguez.

- Bucureşti : Benefica International, 2014
    ISBN 978-606-93350-6-2

I. Bouaru, Andreea (trad.)
II. Brillo Rodríguez, Estrella (red.)

Autora: Gabriela Ciucurovschi
Traductora: Andreea Bouaru
Redactora: Estrella Brillo Rodríguez
Cubra Diseño: Anatoli Ciucurovschi
Ilustración: Ionuţ Rădulescu

Índice

Prólogo

Este libro habla sobre uno de los aspectos más significantes de tu vida, la relación con tu hijo. Se trata de ti, de él, del valor de la educación, de la realidad en la que vivimos y de cómo podemos embellecer nuestra existencia. En esencia, este libro trata de aquellas cosas que realmente importan.

Quisiera hacer dos aclaraciones antes de empezar. En primer lugar, señalar que de lo que te estoy hablando es de la relación con tu hijo y no con tus hijos, ya que es muy probable que tengas más de un hijo. Y lo hago porque, sin distinción de cuántos hijos tengas, la relación con cada uno de ellos es *individual* y *única*. Cada creación configura una distinta relación. De esto se trata aquí.

Claro que hay mucho por decir acerca de la existencia de varios hijos en la familia, de la relación entre padres e hijos así como de la relación entre hermanos. Sin embargo, aunque es muy posible que de paso se hagan ciertas alusiones a estos aspectos, no constituyen el tema del presente libro.

La segunda aclaración se refiere al hecho de que te estoy hablando de la perspectiva del padre o madre y no de los padres. Está claro, en calidad de padres, ambos sois igualmente importantes para el hijo y vuestra cooperación es esencial en el proceso de crianza y educación. Vuestra armonía se refleja en él. Pero el enfoque de este libro cae no en vuestra, sino en *tu* relación con él, porque al final, a pesar de que siempre hay un determinado contexto y variadas influencias, lo que haces o no, depende solamente de ti. Cada uno de nosotros nos relacionamos distintamente con la madre y el padre y en nuestro corazón guardamos una relación individual con cada uno de ellos.

Sé cuánta importancia tiene el contexto en el que vives, en el que crías a tu hijo, si te pones de acuerdo o no con la pareja acerca de su educación. Lo sé y te entiendo completamente. Quieres que el ámbito y las condiciones en las que tu hijo crece sean las mejores posibles, pero la realidad jamás dejará de sorprendernos. Por eso tenemos que aprender a adaptarnos a la realidad en la que vivimos.

La vida es una continua experiencia, una experiencia en la que nos acercamos o nos alejamos de nosotros mismos y de los demás.

Una de las más significantes experiencias es aquella en la que dejamos nuestro sello personal o ejercitamos cierta influencia en los demás, especialmente en aquél ser al que le regalamos la vida: nuestro propio hijo.

Las evidencias que presenta este libro las llevamos dentro y las podemos ver en todas partes. Pero esta perspectiva te puede ayudar a encontrarlas, entenderlas o recordarlas, si es que en cierto momento las hallaste y las has vuelto a perder.

Pero hay algo que no debes olvidar: nos ayudamos y aprendemos cada uno del otro, pero nadie puede hacer por ti aquello que debes hacer tú mismo.

1.

Tú y tu hijo
-una relación
para toda la vida-

¿Cuántos de nosotros se dan cuenta, al esperar un hijo, que está por nacer una relación para toda la vida? ¿Cuántos de nosotros se dan cuenta que cada palabra o gesto es como un ladrillo que asienta las bases de esa relación tan especial entre padres e hijos?

Al esperar un hijo y aún después de que haya nacido, los padres se aproximan al retoño en función de sus necesidades, sean reales o supuestas. A menudo ocurre que los padres siguen este patrón a lo largo de sus vidas, es decir, que toda su concentración se encauza en lo que ellos se imaginan que el hijo necesita, o en lo que ellos mismos quieren que él tenga. El enfoque cae en el hecho de "tener", empezando por comida, ropa y juguetes – de las más simples a las más sofisticadas – hasta llegar a querer un buen trabajo, una casa, un coche... todo lo que el hombre moderno piensa que se necesita para obtener la felicidad.

Atrapados en una vorágine de esfuerzos destinados a asegurarle una vida confortable al hijo, muchas veces los padres no llegan a entender que en sus vidas apareció no solamente un nuevo ser, sino también una nueva relación. Y que, como toda relación duradera, se construye *conscientemente*. En cada momento debes discernir a dónde puede llevar aquello que dices o haces.

La relación con tu hijo es única debido a su *perdurabilidad*. Es una relación que empieza en el mismo instante en el que decidiste darle vida. De ahí en adelante puedes pensar en cómo quisieras que sea su vida o la tuya, eso sí, dos cosas distintas, pero también la relación que los une. Más allá de su futuro y el tuyo hay un futuro común en cuya edificación TÚ contribuyes notablemente.

La relación con tu hijo es fundamental tanto para su vida como para la tuya. Es una conexión de determinantes influencias recíprocas y ninguno de vosotros podrá construir su felicidad más allá de dichas influencias. Por mucho que consigas en la vida, tu felicidad será ensombrecida si el ser al que le has dado vida se aleja de ti. Una vez que tiene lugar su nacimiento, tu corazón de madre o padre se ha estremecido con cada alegría o tristeza suya. Y eso seguirá siendo así. Y por más que quieras ayudarlo con consejos o palabras cariñosas, cuando ya haya llegado a la madurez, no podrás hacerlo si no has logrado construir una relación basada en la confianza y en el amor.

Una vez que tu hijo entre en la edad de la adolescencia, así como cuando llegue a la edad adulta, sufrirás una gran transformación, pasando de ser el jugador de primera línea al espectador. Y no en cualquier espectador, sino en uno involucrado en ese juego hasta la médula. Será entonces cuando te darás cuenta de cuán buen jugador fuiste tú en ese equipo que formaste con tu hijo a lo largo de su infancia. Cualquier buen movimiento de tu hijo te satisfará enormemente mientras que cualquier fracaso o lesión te lastimará aún más que tus propias heridas. Y por más que desees ser tú la persona lastimada y sufrir por él, te darás cuenta que lo único que puedes hacer, en calidad de padre o madre, ya fue hecho. Y que lo más importante, a la hora de enfrentar los retos de la vida, es aquello que le has estado regalando.

En lo que concierne a la duración, la relación con tu hijo es un hecho. No obstante, su cualidad no es implícita, sino el resultado de aquello que tú has construido a lo largo de los años, y todo aquello que has invertido en ella saldrá a la luz. De tu hijo recogerás los frutos de tus pensamientos, tus palabras y tus hechos.

Cada paso que das en esta relación tiene su eco en el futuro. Si quieres su confianza y su respeto de adulto, sé cuidadoso con lo que le regalas en la infancia. Siendo apenas un niño, no puedes adivinar qué se esconde detrás de su obediencia. Puede ser obediente porque entiende el sentido de tus palabras o bien puede ser obediente por miedo, por necesidad o porque es pequeño y no puede imponerse delante de un adulto. Las armas son desiguales.

Como ocurre en toda relación, la parte que más cuenta es la *parte oculta*, es decir, aquello que cada uno piensa y siente. Los pensamientos y los sentimientos vigilan y estimulan la relación. No importa cómo se ve desde el exterior, sino *lo que es*.

En muchas ocasiones la gente pierde de vista la oscuridad que anida en lo más profundo del alma del otro. Hay padres que se fijan metas en los éxitos sociales de sus hijos, tal y como se los imaginan ellos, sin tener en cuenta lo que el hijo siente. El alma de un niño está sumamente expuesta en la relación con un adulto, a quien muchas veces se le escapa que él también fue un niño y empieza a esperar que el niño se comporte como una persona madura.

Si pudieras abrir el alma de un niño podrías ver cuántas heridas anidan en su interior. Muchas veces la vida tapa dichas heridas, pero eso no quiere decir que desaparecen. De vez en cuando se asoman bajo formas diversas como agresividad sin razón, tristeza y depresión sin causa. Estas heridas echan raíces tan sólidas que pueden llegar hasta la vida de adulto, provocándole en ocasiones estremecimientos, alteración y sobresaltos.

Es habitual que muchos padres, aunque de niños hayan sufrido debido a cierta conducta de sus padres, reproduzcan de manera inconsciente el mismo comportamiento con sus propios hijos. En tal caso, la situación puede llegar a ser realmente grave. Se trata de una compleja situación, ya que si la generación anterior se ha equivocado por la ignorancia, y la siguiente generación, la cual debería haber aprendido algo, vuelve a cometer el mismo error, es sinónimo de que las cosas no se están haciendo correctamente y algo falla. Una frustración bien disimulada en la infancia determina al adulto a que con el paso del tiempo cambie los papeles y llegue a ser él aquel que ya no sufre sino quien produce sufrimiento. Y los instrumentos de reiteración del error se vuelven aún más refinados y pérfidos a medida que la persona que los usa es más evolucionada.

Como la vida misma, la relación no es estática, y su dinámica depende de las personas involucradas. Hasta que tu niño llega a la adolescencia y la madurez, la dinámica de vuestra relación depende mayoritariamente de ti, del tiempo que tú inviertes en ella y de todo aquello que realmente hacéis juntos como por ejemplo de cuánto hablas con él, cuánto jugáis juntos o cuántas experiencias tenéis en común.

La dinámica de vuestra relación no se parece a la dinámica de ninguna otra relación. La misma arranca de una relación de fuerzas desiguales, cuando el niño es pequeño y apenas llega a descubrir la vida, y tú como adulto debes mantenerte fuerte para poder ayudarlo y protegerlo. Luego pasa a una relación de relativa igualdad, cuando el niño ya adulto quiere vivir la vida a su manera. Y al final, la relación de las fuerzas se vuelve de nuevo desigual, cuando tus energías disminuyen, como también tu participación social, y él está en la plenitud de sus fuerzas.

Si te aproximas a la relación con tu hijo de la perspectiva de este juego de fuerzas, entonces prepárate y sé fuerte en el momento en el que ya no seas tú quien dicta las reglas del juego.

En cambio, si te aproximas a la relación desde la perspectiva del amor y el respeto entonces prepárate para gozar la plenitud de una relación feliz con tu hijo.

Cada uno de vosotros podrá encontrar los recursos de la satisfacción no sólo a través de sí mismo, sino también a través del otro. Cada uno de vosotros podrá ser la fuente de la alegría del otro.

La relación que construyes con tu hijo será una matriz que él recreará a lo largo de su vida. Y aunque las relaciones no serán semejantes, la conexión que tenéis será por lo menos el punto de partida para las demás relaciones de su vida.

Uno de los factores que muchas veces hace estragos en nuestras relaciones es la necesidad de la seguridad. La necesidad del padre de ubicar al niño en un área segura puede afectar seriamente la relación con él. Hasta la vida misma del hijo puede tomar rutas que no le corresponden y todo debido al mismo deseo: tener la certeza de que está a buen recaudo.

En nombre de esta seguridad los hombres llegan a emprender acciones que no les gustan y que, al final, llegan a tornarles la vida un infierno. Porque cada paso que damos, cada elección, nos lleva hacia cierto rumbo, cada uno con su finalidad.

Está claro que en calidad de padre o madre debes asegurarle a tu hijo una existencia, condiciones decentes de vida y, sobre todo, seguridad emocional. Sin embargo, muchas veces los padres empujan a sus hijos hacia varias elecciones que concuerdan con ellos mismos, pero lo hacen porque "más tarde les hará bien". Porque los inocentes niños no se dan cuenta, pero se enterarán más tarde. Y es que en este proceso de orientar al hijo en el gran océano de la vida, también debes tenerle a él en cuenta, porque se trata de su vida y al final lo que más cuenta es lo que él quiere. El niño es un terreno virgen sólo en lo que concierne a la experiencia social, del resto es un ser que sabe, que *siente* por sí mismo si las elecciones son las adecuadas para él.

Una de las pocas certezas en la vida es que cada persona quiere ser feliz. ¿Conoces a alguien que quiera ser infeliz? Nuestra vida, las vidas de toda la gente, gravitan alrededor de esta necesidad interior. Todo lo que emprendemos arranca de este impulso. Aunque por ignorancia, descuido o egoísmo, es muy probable que nuestros hechos más bien nos alejen que acerquen a la felicidad.

Como padres podemos hacer determinadas cosas para el bien y la felicidad de nuestro hijo y que, sin embargo, lo alejen de ella. Y si eso ocurre, puedes estar seguro de que lo alejarán también de ti. Ilustrativo es el apremio de que elija determinado camino profesional, en el que, más tarde, llegue a sentirse infeliz e insatisfecho. Otra situación es aquella cuando el niño pasa demasiado tiempo frente el ordenador, la televisión u otros equipos electrónicos de última generación, lo que lo alejan, muchas veces, de la capacidad de construir relaciones interhumanas, del goce de la lectura, de la contemplación, etc. Si le permites a tu hijo que pase horas incontables frente al ordenador o a la televisión, ¿cómo podrás más tarde hablar con él si no has sentado desde el principio las bases de esta costumbre?

No todas las buenas intenciones finalizan bien. La única manera en la que podemos influir este proceso – el de obrar para el bien del hijo – es la de anticipar los posibles efectos de nuestras acciones, de entender que cada acción o pensamiento tiene sus consecuencias, queramos o no. Cada cosa que se manifiesta en nuestras vidas tiene su propia causa. Y no todo aquello que en determinado momento nos parece bueno es también bueno para el futuro. El valor de una acción se observa con el tiempo.

La tendencia de los padres de controlar la vida y el destino del hijo entorpece su libre manifestación y obstaculiza su desarrollo óptimo. Los padres se esfuerzan en no perder el control por el miedo de que se vean puestos en una posición inferior al niño. El miedo de perder el poder y el control, junto con los intentos de crear una seguridad permanente para el hijo, sólo *modifican* el desarrollo natural de su vida.

Una relación sana es aquella en la que cada uno puede revelarse tal y como es, con sus cosas buenas y sus cosas malas, con sus necesidades y deseos, sin el temor de ser juzgado. Una verdadera relación implica saber escuchar y entender al otro más allá de las palabras.

No podrás conocer y entender a tu hijo si no conoces el mundo en el que vive. Y tampoco podrás acercarlo hacia ti si lo tratas desde la perspectiva del mundo en el que creciste tú.

Resumen al final del capítulo

- La relación con nuestros padres e hijos es una relación sin límites temporales. Ella existirá mientras vivamos, indiferentemente de la distancia que hay entre nosotros, de la falta de comunicación o de la ausencia física. Esta unión está en nosotros y nada la puede romper.

- La relación con tu hijo se construye conscientemente y tú tienes la mayor contribución.

- Ten cuidado con la parte oculta de la relación, aquello que no se ve pero que anida en el alma de tu hijo.

- El niño siente lo que más se adapta a él.

- Tu hijo está en una continua transformación y tú debes llevar el paso. Vuestra relación no es estática ya que sufre permanentemente alteraciones.

- Una vez con la adolescencia, tu influencia disminuye y lo que contará será todo aquello que a lo largo del tiempo has construido, todo lo que le has regalado para que pueda enfrentar los retos de la vida.

- Todo aquello que le transmites a tu hijo regresará más tarde a ti.

- Una relación sana le ayudará a desarrollar, a su vez, relaciones similares en su vida.

2.

El mundo
en el quevive tu hijo

El mundo cambia y nuestros hijos también. La sociedad, como la vida misma, está sufriendo continuamente modificaciones. Hoy en día, sin embargo, este proceso de alteración es mucho más acelerado.

Mira con atención a tu alrededor. ¿Se parece la vida de hoy a la de tu infancia? ¿Hay experiencias de tu pasado que no las hallas en la vida de tu propio hijo? ¿Quieres que tu hijo goce también de aquellos días sin fin, cuando sumergida en el juego te olvidabas de la comida y las demás necesidades, aquellos días cuando no existía nada más que tú y el juego?

Desde una edad muy temprana, nuestros hijos están atrapados en un ritmo cada vez más vertiginoso. QUE HAGAN siempre algo para que no se conviertan en unos perezosos en la espera de que les caiga un trabajo fácil y sin esfuerzo. QUE APRENDAN, mejor dicho que memoricen y acumulen información, porque así lo piden el programa y el sistema escolar. QUE TENGAN, para que no se sientan inferiores a los demás.

Claro que la vida significa también hacer, aprender y tener, pero cuando llega a significar solamente o justamente eso, el sufrimiento del ser humano es inmenso porque se ha alejado de sí mismo. Empieza a confundirse con las cosas que hace o tiene y sufre porque en este proceso continuo, en el que siempre hay algo por hacer, se extravía del yo.

*

El *ritmo* en el que vivimos actualmente llegó a ser infernal. Estamos corriendo a velocidades vertiginosas, siempre sobrecargados y con la cabeza colmada de quehaceres. Nuestra atención va dirigiéndose constantemente hacia la resolución de los problemas inscritos en una lista, sea ella física o mental, y que, por muy eficaces que seamos, nunca llega a su fin. La dinámica de la vida ordinaria nos mantiene en un continuo estado de alerta. Estamos preparados siempre para enfrentar cualquier nueva solicitud. Este ritmo, que nos aleja de nosotros mismos, nos afecta el cuerpo, el alma y el juicio. Como padres no tenemos suficiente tiempo para nosotros mismos y tampoco para los hijos. ¿Cuántos niños están hoy en día con el alma encogida por la ausencia de sus padres? En cuanto a los niños, apenas vieron la luz del día que ya entran en el embriagador tiovivo de la vida social del presente. Detente un momento y reflexiona: *¿era éste también el ritmo de tu infancia? ¿O el de tus padres?*

Aunque la vida social se ha vuelto cada vez más dinámica con cada generación y ninguna de ellas se ha podido sustraer a las alteraciones sociales, en los últimos decenios esta dinámica se ha acelerado tanto que el ser humano llega a perderse fácilmente en el tumulto en el que vive.

El ritmo de vida raudo de los padres afecta negativamente a los hijos. Y sabes muy bien cuán perjudicado es un niño al que lo despiertas muy temprano, lo vistes a toda prisa y lo agarras de una mano para llevarlo a la guardería infantil o la escuela. Y muchas veces este desgaste y perjuicio llega a perdurar toda la vida. Al envejecer vemos con más claridad las cosas verdaderamente importantes y entonamos con más facilidad con el ritmo de los nietos. Pero para nuestros hijos puede ser demasiado tarde, porque ya están inmersos en ese ritmo loco al que prestaron de nosotros.

Ahora más que nunca el ser humano necesita más voluntad y conciencia para poder volver a encontrarse.

Debemos encontrar ese ritmo que sintonice perfectamente con nuestro ritmo interior. Y lo podemos hacer sólo si por un instante nos tomamos una pausa. No importa cuántos quehaceres nos esperen. Y en esa tregua los analizamos atentamente. ¿Serán todos igualmente importantes? ¿Cuáles son los más importantes para nosotros? ¿A cuáles podemos renunciar? ¿Hay cosas que pueden esperar? ¿Cuáles son las cosas que aparecerán reflejadas en nuestro futuro? ¿Y en el de nuestros hijos? Y al final podemos hacernos estas preguntas: ¿qué quisiéramos hacer si las circunstancias no nos oprimieran? Y podemos ir hasta lo más en concreto: "¿qué quisiera hacer en este momento si tuviera la libertad de hacer cualquier cosa?" Porque un solo momento en el que hacemos lo que realmente nos da gusto hacer puede ser mucho más importante que un año entero de esfuerzos intensos con la intención de emprender algo. Este momento, cuando de hecho nos alimentamos el alma, puede ser nuestra fuente de felicidad y energía para poder emprender las demás responsabilidades de nuestra vida.

Nuestro futuro está marcado por el *presente. Viviendo el presente de una manera enriquecedora, el futuro no puede ser distinto.* Llegará un día en el que será mejor aceptar que no podemos hacer todas aquellas cosas con las que nos hemos comprometido en determinado momento. Cosas con las que la sociedad nos abruma si no estamos en alerta. Para hacerles frente tenemos que fijar prioridades y elegir, pero esa carga social nos puede turbar los sentidos y a veces necesitamos olvidarla, recuperar nuestra lucidez y darnos cuenta cuáles son las cosas que realmente necesitamos. Si nos apartamos de una situación ya no nos puede dominar y la manera distinta de verla nos puede revelar nuevos sentidos y clarificaciones.

*

La *información* de hoy en día se ha vuelto abrumadora, mucha y muy variada, abarcando todos los dominios. Prácticamente cualquier persona puede acceder a ella.

Muchas veces recibimos informaciones distintas acerca del mismo tema, informaciones que no concuerdan una con la otra, lo que nos produce un dilema, un conflicto interior. ¿A quién creer? ¿Qué fuente parece más creíble? De costumbre el efecto es un estado de confusión general. Si miramos a nuestro alrededor podemos ver una sociedad *confusa*. La gente ya no sabe qué o a quién creer al escuchar variantes tan distintas de la misma cosa. ¿Cuál es la verdad? Cuanto más variada y en mayores cantidades nos llega la información, tanto más grande es la indecisión y el recelo. La psicología es simple. Cuando tenemos que elegir entre dos pares de zapatos podemos decidirnos mucho más rápido que cuando tenemos que elegir entre diez o cien. Es mucho más fácil comparar dos cosas entre sí que varias a la vez. Cuanta más información tenemos, más variables hay por analizar. En muchas ocasiones, al recibir informaciones diferentes acerca del mismo tema, acabamos por no creer nada, porque no podemos saber cuál es la verdad y todo se convierte en disonancia y confusión.

Tanto nosotros como nuestros hijos nos enfrentamos con el mismo conflicto interior. Como nosotros, también ellos se sienten sobresaturados por la información, pero su situación es mucho más complicada porque difiere de la nuestra. Más allá del cansancio psíquico generado por el volumen de información que flota en su alrededor, ellos están obligados a registrarla. Sus límites están probados por los programas de enseñanza que les obligan a memorizar enormes cantidades de datos, la mayoría de ellos sin utilidad alguna. La información enseñada en las escuelas se ha apartado de su *verdadera meta*, o sea, la de ser útil, de poder implementarla en nuestra vida. Nuestros hijos se esfuerzan en memorizar datos que jamás utilizarán.

Los libros de texto abundan en información, excesiva y no estructurada, introducida disparatadamente y destinada a aturdir el juicio. Todo este esfuerzo, abrumador para el niño, consigue que pierda el interés también para aquellas cosas que le hubieran podido gustar.

El efecto psicológico de esta masiva cantidad de información es asolador en los niños. Por una parte los alejan de los dominios que realmente pudieran interesarles y, por otra parte, *les socavan la confianza en ellos mismos.* Los niños no saben que estos programas y manuales escolares podrían ser erróneamente concebidos, sin correlación alguna en la capacidad del niño de aprender y el volumen de información, o entre la información y su utilidad, y piensan, más para sí, que ellos son los incapaces. Una vez destruida la confianza, su evolución será diferente de la de una persona segura en su capacidad de enfrentar la vida y crear su propio destino.

*

La *televisión* ejercita actualmente una de las mayores influencias en la conciencia de la humanidad. Aunque el televisor entró en nuestras vidas apenas alrededor del año 1930, en menos de un siglo su influencia en el ser humano creció hasta tal punto que llegó a absorberle la mayor parte de la vida, contribuyendo en su estado anímico y sus decisiones.

Los niños de hoy en día crecen bajo la influencia de la televisión, ya que pasan demasiadas horas delante de ella. Su influencia se manifiesta especialmente en la psique del niño[1], afectándole en los procesos mentales y generando la disminución de la atención, de la capacidad de concentración, del pensamiento reflexivo, y el aumento de la impulsividad y la violencia. Los efectos nocivos se reflejan también en su capacidad de relacionarse con el mundo real, ya que le afectan las percepciones al niño.

A largo plazo, los efectos de la televisión se pueden notar en el aumento del peso como consecuencia del sedentarismo, en el aumento del autismo, del riesgo de enfermedad o en la desaparición del disfrute por la lectura. Problemática e insidiosa es la

---

[1] *Véase* Gheorghe, Virgiliu, *Efectele televiziunii asupra mintii umane (Los efectos de la televisión en la mente humana)*, Bucarest, Editorial Prodromos, 2008.

toma de unos modelos de comportamiento y el intento de concretarles en la vida real, así como la creación de unas expectativas irreales o superficiales, tanto por parte de uno mismo como por parte de los demás. Un claro ejemplo de ello son las imágenes de las modelos con las que se comparan muchas personas, una falsa felicidad que se comercializa en la pantalla, y que únicamente contribuyen a la aparición de depresiones y el fracaso en sus futuras relaciones de persona madura.

La televisión es uno de los medios fundamentales a través del que las masas pueden ser influenciadas. Dado que hay una televisión en casi todos los hogares, es el medio más fácil y rápido de manipular la conciencia colectiva. Y es que tener o ver tele hoy en día resulta ser tan banal que su influencia pasa inadvertida, es sutil pero profunda.

Palabras, sonidos y colores vienen combinados de tal manera que el ser humano no puede desprenderse fácilmente de la pantalla. La información, tanto la directa como la oculta, está absorta por la mente aunque al nivel del subconsciente no es notable. Una vez dentro, ella trabaja subliminalmente como el agua que abre su camino por entre las rocas, determinando al ser humano que actúe en determinada manera.

Las generaciones que crecieron sin televisión aún pueden a veces sustraerse de la misma, pero a nuestros hijos les cuesta mucho trabajo porque nacieron con ella y hace parte de la normalidad de su vida, como ir a la escuela o jugar en el ordenador.

Hoy pasan en el telediario sólo calamidades, informaciones negativas, crímenes, violaciones y otras barbaridades, de tal modo que uno llega a preguntarse: ¿será que en este mundo, en este país, no ocurre nada bueno? Porque a mí alrededor veo gente maravillosa, veo y me entero de personas que hacen bien y me pregunto: ¿por qué informaciones como éstas no aparecen en los telediarios?

Hay algunas cosas evidentes. Las noticias negativas inducen miedo y el miedo es el principal instrumento con el que se puede controlar a la gente, someter y determinar a qué actúe en cierta dirección. Los eventos estremecedores determinan al ser humano contentarse con la vida que tiene y limitar sus aspiraciones. El ideal de una vida mejor puede ser enterrado por la alegría del "menos mal que tenemos esto" y así la gente deja de tener ambiciones. *El miedo es la fuente de los pensamientos negativos* del ser humano y en torno a ello se edifica su vida entera. El miedo frente a la enfermedad, a la muerte, a la pobreza, al dolor, etc. lo determinan a actuar de determinada manera, a ser despiadado con uno de sus prójimos sólo para protegerse a él y a su familia, a trabajar hasta perder el control para asegurarse un futuro, a ser muy duro con los hijos por el miedo a que demasiada libertad pueda arruinarles y empujarles a tomar rutas equívocas, etc. *Si no tuvieras miedo, ¿qué harías con tu vida? Si no sintieras miedo en lo que concierne a tu hijo, ¿qué cambiarías en tu comportamiento para con él?* Éstas son dos preguntas en las que puedes reflexionar y a las que sólo tú puedes encontrar la respuesta.

Adultos y niños soportamos muchas influencias en nuestras vidas, pero una cosa es no perderlas de vista y entender hacia dónde te pueden llevar y otra muy diferente es recibir una gota de veneno cada vez que comes.

*

El ordenador y el Internet forman ya parte de nuestras vidas, de tal manera que tenerlos y usarlos es algo común y corriente. Nuestros hijos nacieron y crecen con ellos y, muchas veces, llegan a recurrir a estos instrumentos como sustitutos de la vida real. Delante de la pantalla se sienten más fuertes y más capaces de superar todas las barreras que les obstaculizan las relaciones reales con los demás. Delante de la pantalla pueden adoptar cualquier personalidad ya que nadie puede observarles la mímica, los ademanes y el comportamiento que les traicionarían.

A través de estas tecnologías pueden estar y viajar donde quieran, siempre y en cualquier parte del planeta, y pueden imaginarse que el mundo entero es suyo. Sin embargo, todo lo que reciben es solamente información, porque nada puede reemplazar un paseo verdadero, el descubrimiento de una nueva ciudad a pie, una caminata en la naturaleza y todos los aromas que deleitan los sentidos al pasear por un bosque. Pero es muy fácil confundir la copia con el original, más aún cuando lo primero que conociste fue la primera variante. Los niños que crecieron con el ordenador y sus juegos pueden fácilmente creer que el mundo real es parejo, que matar a una persona o a un ser en el mundo real es lo mismo con matarlos en el ordenador. Por eso algunos pueden llegar a cometer crímenes con sangre fría, sin emoción alguna, como si la vida real fuera también un juego.

Estas tecnologías, destinadas a facilitarnos la vida, crean adicción y determinan al ser humano a holgazanear en sus pensamientos y acciones. Las imágenes coloreadas de las pantallas crean la impresión de que todo te pertenece y el fácil acceso puede quitarte las ganas de descubrir la vida real.

Todas estas tecnologías nos harían la vida más fácil y más bella si las usáramos con cierta moderación y cautela. Pero ello supone una alta conciencia, en la que el ser humano se dé cuenta de que las cosas que le facilitan la vida y la comodidad le pueden transformar de un ser que piensa y que se construye el futuro con sus propias manos, en un ser fácil de manipular e influir, una persona perezosa y que espera que los demás le mejoren la vida. ¡Y qué fácil resulta complacerse cuando uno tiene cierta comodidad! ¡Y qué difícil es salir de apuros cuando permites que se te escapen todas las oportunidades!

*

Los alimentos representan un aspecto importante en el desarrollo del ser humano, de su salud mental y corporal. La alimentación actual se aleja cada vez más de la comida natural y es invadida por alimentos refinados, modificados genéticamente por aditivos, nitratos, etc. Nuestros hijos están rodeados de alimentos nocivos y de cautivadores anuncios que les impulsan a consumirlos en exceso. La alimentación es uno de los principales factores que pueden ser correlacionados con su salud.

En lo que concierne a la alimentación del niño, resultan fundamentales las costumbres alimenticias de la familia, para que él pueda adquirir unos hábitos sanos a largo plazo. (Véase el capítulo "Las costumbres - nuestra segunda naturaleza" de mi libro *7 pasos para educar hijos felices - Principios que acompañarán a tus hijos para toda la vida*).

*

La *contaminación* se ha vuelto cada vez más acentuada en los últimos decenios y es un factor que afecta a la vida de todos, incluso a la de nuestros hijos. El medio en el que vivimos se torna cada día más nocivo, el aire y el agua están contaminados, el ambiente es cada vez más ruidoso y la contaminación electromagnética más manifiesta.

*

Todos estos factores: la contaminación, los alimentos modificados y cada vez más químicos, el ritmo cotidiano, las informaciones que nos rodean, la televisión, el ordenador y el Internet han experimentado una evolución acelerada en los últimos años, como resultado del desarrollo tecnológico. Está claro que el medio ha sufrido siempre varias modificaciones de una generación a otra y nosotros, en calidad de padres, crecimos bajo influencias diferentes de las de nuestros padres. Pero los niños de hoy en día se confrontan con un cambio *radical* debido a la revolución técnico-científica que estamos viviendo. Estas alteraciones obran de manera distinta en los niños y en los adultos. La personalidad, como toda la vida psíquica del adulto es más estable y difícil de influir, a diferencia de la psique del niño que se está desarrollando y formando, muy vulnerable ante cualquier influencia.

Las modificaciones de nuestro alrededor determinan alteraciones *profundas* en nuestros hijos, así que resulta imperioso enfocarlas de manera distinta. Los viejos modos de relacionarse ya no concuerdan con los de hoy, por lo que la equiparación de nuestras experiencias con las de nuestros hijos está predestinada desde el inicio al fracaso.

Para entender a nuestros hijos debemos saber cómo los afectan los cambios que se producen en su alrededor, cuál es el impacto que todos los factores señalados anteriormente tienen en su desarrollo psíquico, físico y emocional.

Como padres necesitamos desarrollar nuestra *intuición*, la capacidad de percibir los sentimientos y los estados del niño. Si guardamos la distancia jamás sabremos qué ocurre en su alma y tampoco tendremos acceso a su verdadero ser.

El medio en el que crece nuestro hijo depende de nosotros. Aunque hay aspectos que no podemos modificar, al analizar atentamente vamos a descubrir que podemos aportar muchos cambios beneficiosos en su vida. Empezando por el tiempo pasado con él y la atención que le acordamos, hasta el estilo de vida que tenemos y que, en cierta medida, se imprime en el niño.

Cada generación lleva el sello del medio en el que creció. La música, los valores educacionales y morales, el contexto social y económico, los sueños de una generación, etc. pueden ser totalmente diferentes. De una manera ha influido la música clásica y el jazz en la vida de la gente y de otra manera la música rap o hip hop. Y lo digo sin intención alguna de apreciar más alguno de los géneros musicales nombrados. Pero la música es una de aquellas influencias sutiles en la vida que deja su sello en nuestra conciencia y alma y tiene un impacto subliminal en la conducta.

La gente que pertenece a la misma generación tiene siempre cosas en común, cosas que les acercan, aunque no se conozcan. Las personas de edades próximas pueden manifestar patrones similares de pensamiento como resultado de las mismas influencias externas.

Obviamente hay también diferencias dentro de una misma generación, diferencias en cuando al enfoque, al estilo, los gustos, la educación, pero más allá de todo ello, cada generación tiene en común ese "algo" con el que se identifica.

Los niños de hoy son muy distintos. Cosas que a nosotros nos parecen lógicas, para ellos pueden carecer de sentido. Aquellos casos en los que los niños de años atrás aceptaban lo que los padres les imponían, porque así lo decidían o debido a los argumentos concernientes al futuro y la seguridad del niño, parecen inaceptables para los niños de hoy en día.

Tampoco nosotros, los padres de hoy, nos parecemos mucho a nuestros padres, porque también nosotros, bajo el impulso de los cambios de antaño, hemos tomado una dirección distinta a la de ellos. ¿Cómo pudieran nuestros hijos parecérsenos?

La vida social está llena de reglas y conveniencias que debemos cumplir para poder ser aceptados, y muchas veces ella también se *aleja* de su sentido, de la alegría y las ventajas de la vida en común. Es mucho más fácil vivir en compañía de alguien que vivir solo, es más agradable tener con quién compartir las experiencias. Sin embargo, la gente tiende a enajenarse, a seguir sólo su meta, olvidándose que el interés común es también su interés. Muchas convenciones sociales nos facilitan la vida, pero también muchas nos la dificultan. Y nuestros hijos son mucho más sensibles ante este aspecto, ellos ya no quieren conformarse. Nuestros hijos ya no quieren recitar el poema sólo porque a los adultos les gustan, ya no quieren vestirse como dicen los padres, porque son más conscientes de sus propios gustos, ya no quieren seguir obligatoriamente una facultad porque ello les pudieran ayudar en un lejano futuro, etc. Nuestros hijos son mucho más conscientes del presente, del tiempo que corre velozmente, de lo que les gusta o no.

Es cierto que cuando teníamos su edad la mayoría de nosotros se rebelaba en contra de la autoridad tutelar y negaba el conocimiento obtenido de la experiencia. Solo que, mientras tanto, nos hemos olvidado de eso y cambiamos los papeles.

Ahora somos nosotros los padres, los que se preocupan por la seguridad de sus hijos.

Por lo general, todo lo que los padres hacen por sus hijos se relaciona con la vida en común y la sociedad a la que el niño debe poder encarar. Y no hay nada errado en eso, pero no hay que olvidar que a esta sociedad nosotros también hemos contribuido, cada uno según sus alcances. Cada gesto, cada pensamiento nuestro ha edificado el mundo de hoy. Y entonces cuando guiamos al niño a que tenga en cuenta SÓLO su interés, haciendo la vista gorda en cuanto al bien de los demás, no nos damos cuenta que su tarea será aún más difícil a la hora de querer un mundo mejor para él y sus hijos.

Lo que quise decir en este capítulo es que el *Universo* de nuestros hijos es completamente diferente al de todas las generaciones pasadas. Debido a este *Universo,* los hijos no se nos parecen, ni a nosotros, ni a nuestros padres, y eso rige un enfoque distinto, un enfoque consciente, basado en conocimiento, amor incondicional y también en intuición. Sé que algunos sentirán el impulso de afirmar que cada generación tuvo sus propias dificultades y nuestros hijos *no son mirlos blancos*. Sin embargo, lo que quiero decir es que *ellos* son los que soportan el efecto de los más grandes descubrimientos de la humanidad, que su desarrollo exacerbado, insólito y no controlado afecta al cuerpo, al alma y al juicio de todos. Ellos son los que soportan las consecuencias de estos descubrimientos, por lo demás muy útiles para la humanidad, que se apoyan en una sociedad fundamentada en el consumo y cuyos valores recaen en tener, poseer y no en **ser**.

*

A pesar de estas influencias externas que dejan su sello en nuestros hijos, está bien observar a nuestros hijos con atención, para descubrir sus almas especiales y entender que *nuestra actitud interior* para con ellos los pueden encaminar en una dirección u otra. Los niños de hoy en día nacen con una sensibilidad especial que, si está bien encauzada, hará que su vida florezca y también la vida de las personas cercanas.

Me parece ilustrativo el ejemplo de Andrés, el vendedor de libros, con el que mi amiga tropezó en el parque. Montado en su bicicleta, con una cesta de libros enfrente,

Andrés, un joven de 19 años, intenta convencer a mi amiga que compre libros. Preguntado qué hará con el dinero, le revela su grandioso plan: quiere viajar a Londres, seguir un curso de desarrollo personal y más tarde quiere ser *coach*, o sea instructor, guía para sus prójimos. Y dijo con voz firme al final: "Quiero hacer un mundo mejor. Y empiezo conmigo mismo." Reflexiona en tu pasado, piensa en las personas de tu generación: ¿cuántos de ellos han dicho o hubieran sido capaces decir o pensar algo semejante?

Y la casualidad hizo que mi amiga se encontrara con Andrés la segunda vez. Entonces ya tenía el dinero ahorrado, se había comprado el billete para Londres, se había matriculado en el curso y tenía elaborado un plan bien definido para el futuro próximo. Iba a quedarse un período en Londres y ganar el dinero necesario mediante su "librería en bicicleta" para poder realizar todos sus planes de futuro. ¡Qué meta más bella! ¡Qué plan bien elaborado! ¡Y qué conciencia! ¿Cuántos de nosotros se dan cuenta que si quieren cambiar el mundo deben empezar con ellos mismos?

Resumen al final del capítulo

- Intenta entender a tu hijo a la luz del medio en el que vive. Su formación está influida por todas sus características.

- Ancla tu entendimiento en el presente, indiferentemente de cómo se vea y no en el pasado.

- El ritmo acelerado, el medio informatizado, los mass-media, el ordenador y el Internet, los alimentos modificados y llenos de productos químicos, la contaminación, tienen serias consecuencias al nivel físico, psíquico, emocional y social de nuestros hijos.

- Para que puedas comunicarte satisfactoriamente con tu hijo debes entenderlo y para ello necesitas descifrar el impacto que el mundo actual ejercita sobre él.

-

3.

¡Habla con tu hijo!

El conocimiento

Conocer a tu hijo resulta fundamental para el desarrollo de una relación armoniosa. Sin este conocimiento, vuestros caminos jamás se encontrarán. Pero para poder entenderlo, antes de todo debes entenderte a ti mismo. Sé que es una afirmación poco confortable, pero no veo otro camino. El enfoque de tu atención tiene que ser doble: en ti y en él.

El conocimiento de la naturaleza humana no debe ser atribuido sólo a los psicólogos. ¿No sería un total descuido e irresponsabilidad por nuestra parte encargarlos únicamente a ellos el entendimiento de nuestra propia persona o de nuestro hijo?

El entendimiento de los demás parte del conocimiento de sí mismo. *¿Por qué me molestó la reacción de Mihai? ¿Por qué me siento malhumorado si es que no me pasó gran cosa? ¿Por qué me empeño en que todo salga sólo como yo quiero? ¿Qué pasaría si no fuera así? ¿Por qué un día festivo, cuando todos deberíamos sentirnos bien, me oprime una molestia interior? ¿Qué hay más allá de mi tristeza o felicidad?* Sin estas interrogativas jamás encontraremos las respuestas relativas a quiénes somos en realidad.

Cada uno de nosotros tiene el deber de conocerse a sí mismo, pues este conocimiento es imprescindible para nuestra felicidad. Al entender bien nuestra naturaleza interior y aquello que se esconde detrás de nuestras manifestaciones exteriores, veremos que la perspectiva desde la que observamos el mundo es distinta. Seremos más benevolentes con las conductas que antes nos hubieran podido ofender simplemente porque sabremos qué hay detrás de ellas. No puedes tener una relación verdadera y hermosa con alguien sin antes entenderlo. Pero si se trata del conocimiento de tu hijo, el esfuerzo que debes hacer es aún más grande y tu dedicación emocional será mayor que en cualquier otra relación. Necesitas desprenderte de tus emociones, mejor dicho de todos aquellos temores y miedos que le proyectas encima. Sólo debes mirar y observar. Luego el entendimiento vendrá solo.

Intenta observarlo permanentemente, verlo de verdad. Un niño que está jugando es más que un niño que está jugando. Es un niño que se expresa a sí mismo a través de su juego. Si tienes los ojos y la mente bien abiertos, puedes ver esperanzas, deseos, penas, etc. Puedes ver si en su juego agarra a alguien del cabello, golpea al gato o quiere imponerse sea como sea. Antes de regañarlo o castigarlo, procura entenderlo. ¿Por qué hace esto? Intenta buscar la razón, sólo así podrás realmente ayudarlo. Determinarlo a que se conforme a tus deseos y a tu opinión en cuanto a cómo debería ser él es lo último en lo que deberías pensar. No harías más que ocultar los despojos bajo la estera. Y es que hay que tener muy en cuenta que cuando el volumen de los despojos aumente, la estera ya no tendrá ninguna fuerza para taparlos.

No siempre un niño que sube la voz a su padre o a su madre lo hace por falta de respeto. Puede ser un niño cuyos límites ya fueron superados, un niño en el que las expectativas de sus padres han creado una tensión demasiado grande y que siente que se le piden cosas más allá de sus fuerzas, o un niño al que le piden que sea otra persona.

A la hora de observarlo intenta verlo a él y no a esa realidad proyectada por tus pensamientos. Hay padres que ven a sus niños y hacen este tipo de comentarios: "es muy flojito, no se las arreglará en la vida" o "es un niño muy inquieto, no sé qué hará en la escuela". Éstas son las proyecciones de los padres. ¿Cómo pueden saber ellos cómo actuará el niño en una situación futura si nosotros mismos no sabemos cómo vamos a actuar dentro de una hora? El niño está apenas en el comienzo de un proceso de formación y lo que oye de sus padres no hace más que encaminarlo a toda velocidad hacia la respectiva dirección. De hecho, justamente las afirmaciones de los padres le abren un determinado camino.

No lo mires a través de una ventana. No lo percibas como al susurro de un río. El hecho de tener a su lado a alguien cuyos pensamientos están permanentemente en otro lugar le puede provocar un gran sufrimiento. Todos queremos ser vistos así como somos en realidad, ser entendidos y amados.

Claro que también el hecho de encauzar toda tu atención solamente en él puede resultar muy perjudicial, porque llegará a ser adicto a la atención de alguien. No podrá ser él mismo si no se siente el centro de la atención. En todo lo que emprendemos en la vida lo que más cuenta es la *medida*. Cuando dije que debes pasar tiempo con él, iba a señalar que debes estar presente. Sé que esto no es fácil y que, aparentemente, la mente trabaja sin nuestra voluntad. A nadie le gusta ser una presencia grabada en un fondo ruidoso. Todos queremos saber que somos importantes para alguien, que nuestra existencia vale. Y los que inicialmente nos dan este sentimiento son los padres.

Hace poco he visto en la peluquería una escena que realmente me conmovió. Mientras esperaba que el tinte hiciera su efecto, observé que en el sofá estaba sentada una madre joven con su hijo en brazos. De hecho, el que me llamó la atención fue el niño, con su angélica expresión, una expresión que no venía de un apremio exterior sino de un profundo entendimiento de aquello que estaba pasando. Estaba tranquilo y esperaba quieto su turno para que le cortaran el pelo. Desde el primer instante cuando el peluquero interaccionó con el niño, mi atención se tornó hacia él. Era un joven, él mismo casi un niño, que unos minutos antes estaba parloteando impasiblemente con sus compañeras, sin importarle que los clientes les podían escuchar, en fin, así como sólo los jóvenes de su edad se pueden manifestar.

Inmediatamente después de haberle cortado el pelo al cliente anterior, limpió el sillón e invitó al niño a que se sentara. El niño abandona los brazos de su madre y el joven le tiende la mano para recomendarse. El niño le responde muy serio y con una voz tan cálida que me sorprendió. Empezando por ese momento, después de haberle ayudado a que subiera en el sillón, toda la atención del joven se fijó en el niño. Manejaba con delicadeza tanto las tijeras como las palabras y cuando el niño no sabía cómo inclinarse la cabeza para que pudiera cortarle el pelo de atrás o de un lado, el joven peluquero le mostraba cómo debía hacerlo.

Estaban mirando los dos hacia espejo y él le enseñaba cómo inclinar la cabeza. Todo el procedimiento ocurrió en una total armonía y el niño se sintió tan cómodo, que de repente empezó a confesarle intimidades: "A las 7 viene David" – dice él. La madre y yo nos miramos una a la otra, entretenidas por el sabor de esta confesión. "David es su amigo" – nos explica la madre. Veo el reloj y me entero que hace poco habían dado ya las 6. O le preocupa una posible demora, o el encuentro con su amigo le pone tan contento que siente la necesidad de compartirlo con nosotros – pienso yo. Siguieron también otras confesiones, que ahora me cuesta recordar.

He observado con detenida atención el comportamiento del peluquero con el niño y su impacto en él. El joven peluquero había concentrado toda su atención en dos aspectos: su trabajo y el niño. Mientras le cortaba el pelo no dejó de ocuparse del niño y de fomentar su paciencia, para que se quedara quieto en la silla unos veinte minutos. Él mismo era muy paciente y accionaba con cautela para que no hiriera al niño con las tijeras cuando éste se movía. Toda su atención, paciencia y el buen ejemplo a seguir me despertaron la admiración por ese maravilloso joven y sus destrezas pedagógicas. Y me había preguntando de dónde sabía él cómo comportarse con un niño y la única respuesta que encontré fue que seguramente no había cursado ninguna escuela, sino se dejo guiar por su sensibilidad. Luego pensé qué excelente sería si todos los padres, durante el poco tiempo que pasan en compañía de sus hijos, dejaran a un lado todos sus problemas y se concentraran solamente en ellos. Dedicarle su atención, siempre real y no una fingida, de este modo las almas de nuestros hijos serían seguramente más ricas.

El conocimiento viene si lo buscas. El primer paso que hay que dar para entender una situación o a una persona es hacerte preguntas. El segundo paso es estar muy atento y observar. Al observar al otro o las diferentes situaciones *según su propio desarrollo* llegarás a entender. Por ejemplo, si una persona manifiesta de repente una explosión de ira, obviamente desproporcionada con algo que acaba de pasar, puedes darte cuenta que aquel hecho no desencadenó su reacción, sino que la causa está enterrada en el pasado de la persona iracunda. Puedes ver que detrás de esa furia hay una pena velada, y cuanto más grande y escondida es la pena, tanto más violenta será la reacción. Al entender que su ira no te involucra a ti directamente, tu reacción será también diferente, ya que serás algo más comprensible. De otro modo, considerarás que es una persona a la que le gusta agredir sin razón y tú, a tu vez, para defenderte, tendrás también una actitud agresiva. Y es así como la falta de conocimiento y comprensión puede desencadenar un círculo vicioso, de una agresividad con razones arraigadas en el pasado y que, justamente por eso, es mucho más difícil de solucionar.

La reacción de un padre o una madre que le grita al hijo porque éste no vine a todo correr cuando lo llama, así como hubiera procedido él en su infancia si sus padres lo hubieran llamado, es una reacción que no pertenece al presente, sino a una situación recreada de su historia. El niño se siente dañado y levanta asimismo la voz. El terreno se vuelve ya peligroso y las cosas están a punto de escapar del control. Y lo que pasa de ahí en adelante ya no tiene nada que ver con la situación inicial, concreta, sino con el pasado emocional de cada uno.

No puedes trabar una relación duradera con tu hijo si no lo conoces profundamente. Aunque es tu propio hijo, criado y educado por ti, es también otro ser diferente a ti, con otros deseos, otras preferencias y gustos, otras ideas acerca del mundo y la vida, etc. Una relación verdadera supone el conocimiento y el entendimiento de este ser, porque únicamente vivir bajo el mismo techo no es suficiente. Por ello debes hacer un esfuerzo en lo que concierne al entendimiento y la voluntad, para que no reacciones a determinadas situaciones, sino más bien que entiendas qué hay detrás de ellas.

La comunicación, el lazo que os une

Una relación verdadera y agradable se fundamenta en una buena *comunicación*. Pero, ¿qué es una buena comunicación? Evidentemente no significa sólo hablar. Es mucho más que eso. A veces veo grupos de personas maduras que, aunque aparentemente están hablando una con la otra, no hacen más que exteriorizar su monólogo interior. Sin tener en cuenta el contexto, lo único que esperan es una ocasión para decir a los demás aquello que quieren decir. De hecho se comunican a ellos mismos. No observan las reacciones del otro, a veces ni cuando son muy evidentes, y no se dan cuenta si el auditorio manifiesta un interés real o no. Pero no estamos hablando aquí de esta comunicación, sino del diálogo.

Hay personas a las que les preguntas algo y te dan completamente otra respuesta. A veces, alrededor de una misma mesa parece que se está recreando la misma torre de Babel, que cada uno habla en su idioma.

Escuchar a alguien realmente no significa sólo callar cuando se te está hablando. Más allá de prestar atención a lo hablado, escuchar significa también intentar entender el mensaje que la otra persona quiere transmitirte.

Y eso es válido también en la relación con tu hijo. Si quieres que tus palabras y tus deseos lleguen a su corazón, aprende a escucharlo. Escucha aquello que dice y aquello que quiere realmente transmitir. Escucha también con el corazón, no sólo con los oídos. A menudo, detrás de palabras están escondidos deseos y necesidades. Piensa en ti, ¿cuántas veces te arrepentiste por no haber logrado expresar en una discusión todo aquello que quisiste decir? ¿O por no haber podido expresarlo mejor? ¿O bien por qué quisiste decir otra cosa?

Aprende a ver más allá de las palabras, porque más allá puede que haya encubierto un hondo desasosiego. A veces las palabras son una muralla en la que nos encaramamos para saludarnos unos a los otros, luego bajamos de nuevo en las profundidades de nuestro ser, un ser que sólo nosotros conocemos.

Saber escuchar al otro es un arte que muy pocas personas saben aplicar. El arte de ver el alma y las necesidades de la persona que se tiene enfrente, más allá de las palabras. Siempre hay algo más al otro lado de las palabras, casi siempre un alma que busca revelarse. Si sabemos escuchar, entenderemos.

Una buena comunicación se apoya en tres pilares básicos: saber escuchar, responder al impulso transmitido por el otro y tener la capacidad de transmitir aquello que se quiere decir, sin distorsionar el mensaje. Hay personas que entierran el verdadero mensaje bajo miles de palabras y, aún con toda la voluntad, es imposible descifrarlo. Así que una llega a preguntarse, ¿qué habrá querido decir?

La comunicación auténtica con tu hijo es el lazo que os une. Algo que se construye empezando en la infancia. Aunque es apenas un bebé, si le hablas con ternura y amor, verás que te sigue con toda su atención, porque instintivamente sabe que toda tu atención está en él y siente tu amor más allá de las palabras.

Aprende a ver lo que verdaderamente intenta transmitirte, en lo que dice o en lo que hace. Si le pega al hermano menor puede significar de hecho "necesito que me digas que me quieres" o si pintarrajea las paredes sin tu permiso puede ser "necesito tu atención". En la conducta del niño siempre hay un mensaje por descifrar, y resulta fundamental tanto para ti como para él que puedas captarlo y que luego actúes con una actitud bien pensada.

Es muy importante tu reacción como padre o madre. ¿Actúas en función de su reacción superficial o de su mensaje real? Si tomas en cuenta lo superficial, el mensaje real se esconderá aún más adentro de su ser y eso le causará un sufrimiento aún mayor. Si actúas en función del mensaje real, los comportamientos superficiales desaparecerán.

Por ejemplo, hay niños que actúan de manera criticable sólo para llamar la atención a sus padres. Si el padre le regaña y castiga, no hace más que cimentar su conducta. Y es que, aunque la necesidad del hijo de atención y amor no se resuelve, el niño obtuvo lo mínimo de lo que hubiera podido obtener: un momento de atención de sus padres, aunque no sea exactamente el tipo de atención que él anhelaba.

Acostúmbrate a hablarle a tu hijo con consideración, como si fueseis iguales, pero sin olvidar su edad y sus experiencias. Asegúrate de que aquello que quieres transmitirle tiene la forma conveniente y no se pronuncian palabras innecesarias. Cuando le hables de cuestiones vitales, asegúrate de que entendió aquello que le quisiste decir.

También *el silencio* puede ser una forma de comunicación, una manera de estar cerca uno del otro y contemplar el mundo de manera conjunta. Una manera en la que respetas la necesidad de intimidad del otro, de existencia en la individualidad. A veces cada uno de nosotros siente la necesidad de estar sólo con sus pensamientos, de no estar siempre a la disposición del otro, sino ser uno mismo.

El silencio puede ser asimismo agobiante si esperamos algo del otro, pero también puede ser una maravillosa comunión, una manera de ser uno mismo y gozar la vida en compañía del otro.

Si le ofreces a tu hijo la oportunidad de callar junto a él, le abres el camino hacia la contemplación, el camino hacia sí mismo. Le ocasionas la indagación en su propio ser y la oportunidad de enterarse de cosas insospechadas, verdades que no puede descubrir de nadie más que de su viaje hacia sí mismo. Nadie le puede decir quién es. Él solo lo va a descubrir.

Habituarte a una buena comunicación con tu hijo es semejante a la posesión de una brújula en el momento en el que estás extraviado en pleno bosque. Si prestas atención a sus señales, ellas te revelarán paso a paso el camino que juntos debéis seguir cuando ya no sepas hacia dónde ir.

La comunicación es una ruta, no una meta en sí misma, pero es cierto que puede ser muy útil para alcanzar muchas metas. La comunicación propicia el conocimiento. No creo que quieras que tu vida transcurra sin que conozcas verdaderamente a tu hijo, sin saber cuáles son sus deseos, sueños, temores, sensibilidades y otras particularidades de su ser. Comunicar significa compartir experiencias. La vida es más bella cuando tienes con quién compartirla. A través de la comunicación puedes guiar a tu hijo, iluminar el camino para que más adelante pueda descubrir él mismo lo que tiene que descubrir.

La comunicación no es una calle de sentido único. En ella se circula en ambos sentidos y en momentos de entusiasmo puede ser toda una emoción. Está bien que crees ambos sentidos en esta calle desde el principio, desde la infancia. Cuando es pequeño, tu hijo es como un hotel acogedor con muchas habitaciones, todas con las puertas abiertas de par en par. Siempre está listo para recibirte. A medida que tu hijo crece estas puertas se pueden cerrar si las dejas mucho tiempo sin usar.

Regálale tu tiempo y tu atención. Haz de esto una costumbre desde el inicio, no dejes que el tiempo aumente las distancias entre vosotros. Cuando estás con él, ofrécele toda tu atención, no te dejes llevar por otros pensamientos. Es importante estar presente, aunque el tiempo que paséis juntos sea corto. Jugar con él significa entrar en su universo, en su reino, y estará muy contento de poder compartirlo contigo.

Al tener un niño, también tienes varias ocasiones de dar rienda suelta al niño que vive dentro de ti, dejarlo que juegue junto a tu hijo. Sólo tienes que aprovechar estos momentos. Y la alegría de los dos será inigualable.

El niño que llevamos dentro nunca desaparecerá, sino que mientras vivamos seguirá coexistiendo con otras facetas nuestras. Hasta a los 70 años el aspecto pueril puede volver a salir si se le da la ocasión.

Cuando nuestro hijo estaba en la secundaria, le visitaron varios amigos y se quedaron todo el fin de semana en nuestra casa. Para animarlos y ahuyentar la apatía, mi marido les propuso enseñarles unos juegos de antaño, entre los cuales también se encontraba el juego "9 piedras". El patio en el que vivíamos, la vecindad, la vegetación, les envolvieron poco a poco en sus redes. Jugaron todo el día con un frenesí desbordante, que siguió creciendo hasta que, al final de día, si los mirabas podías darte cuenta cuán de compacto era todo, los jugadores eran el juego mismo y ya no existía otro mundo. Y tengo que reconocer que el niño más feliz era mi marido, que simplemente irradiaba ilusión y felicidad. Y cómo no, si era el juego de su infancia. Y todo ocurrió afuera, al aire libre. En la tarde, ruborizados y contentos, irradiaban el calor de un alma común. Ha sido una experiencia memorable, única y creo que ninguno de los presentes la olvidará jamás.

No pierdas este tipo de oportunidades, ellas consolidarán su relación y brillarán entre sus recuerdos.

Hay casos en los que algunas personas están trastornadas, a pesar de que pasen mucho tiempo una en compañía de la otra. Sienten que ya no pueden revelarse al otro tal y como son, no se sienten entendidos ni amados. La rotura del alma es demasiado grande y parece que se necesitan esfuerzos colosales para repararla. Cuanto más persiste la falta de comunicación en el tiempo, tanto más grande será el abismo que os separe. No dejes que este tiempo corra entre tú y tu hijo.

Siendo niño, necesitas que tus padres te demuestren su amor, a través de atención y dedicación. No esperes la Pascua o la Navidad para decirle que lo quieres.

Comparte tus experiencias con él. Si le cuentas tus historias desde muy temprano, tendrá acceso a una verdadera fuente de experiencias y eso le facilitará tomar las distintas elecciones en la vida. Es obvio que no todas tus experiencias son positivas, pero justamente el hecho de compartir con él las experiencias menos agradables puede ser una fuente de confianza y estrechar vuestros lazos. Si le muestras cómo superaste las experiencias tristes de tu vida, tendrá mucho que aprender: entenderá que la vida consiste de partes buenas y malas, que lo que más importa es aquello que se aprende de ellas, que superar una situación difícil puede ayudarte para otras experiencias venideras. Emocionalmente le recibes en tu vida y eso creará entre vosotros un puente para toda la vida.

Es importante que tengas especial cuidado en la manera de contarle las cosas.

Si no consigues transmitirle el valor positivo de tus experiencias, entonces no haces más que colgarle una pesada carga a sus futuras acciones. Por ejemplo, si le cuentas que en cierto momento te quedaste sin trabajo, el enfoque debe residir en cómo lograste superar esta situación. El mensaje sería que cualquier momento difícil puede ser superado si uno guarda la calma, la confianza y tiene un plan de acción. Sin embargo, si el enfoque cae sobre las muchas dificultades a las que te enfrentaste o en la injusticia de la vida o del jefe, entonces tu mensaje subliminal le trastornará la confianza en la vida y en sus aspectos positivos.

Si te haces a la costumbre de compartir con tu hijo momentos de tu vida, le darás la posibilidad de conocerte y eso no quedará sin eco. Será como una puerta abierta que le incitará a contarte, a su vez, sus experiencias y vivencias. Hace poco alguien me hizo una confesión: el hijo – con el que vivían juntos él y su mujer – no hablaba con ellos, con sus padres. No tiene tiempo – me dijo – todo el día está hablando por teléfono. ¿Y cómo no te va a doler a ti el alma, siendo su padre o madre? ¿Y cuántos padres se están enfrentando ahora con la misma situación?

Una comunicación verdadera abre las almas. Entre aquellos que se comunican hay una energía que emana alegría, armonía y mucho cariño.

Esta comunicación tiene que empezar cuando el niño es muy pequeño, porque cuesta mucho abrirle la puerta – y que él pueda pasar – cuando están cubiertos por una capa de silencio.

Cuando mi hijo era alumno, hubo un período cuando, cada vez que regresaba de la escuela, le preguntaba: *¿Cómo te fue hoy en la escuela?* Y la respuesta era invariable: *Bien.* A tal pregunta, tal respuesta. Luego me dijo: ¿Y no sabes preguntarme otra cosa? Y así puse los pies en la tierra. No digo que deje de preguntarle acerca del colegio, porque resulta difícil renunciar a algunas costumbres que implican sobre todo su futuro. ¡Pero me hizo ver que necesitaba compartir conmigo experiencias importantes para él y su vida de alumno, otras que no involucraban sus calificaciones o los comentarios del profesor!

La vida es una experiencia, no una certeza. Nadie te puede garantizar que al hacer determinada cosa el resultado será el esperado. Pero algo sí es cierto: al hacerlo, crecen las oportunidades de obtener ese resultado.

Si le hablas a tu niño desde muy temprana infancia y si proteges esa conexión entre vuestras almas, las posibilidades de que la conexión dure toda la vida son muy altas. De otra manera, el aislamiento puede cargaros las almas. Bajo la presión de las necesidades existenciales, el ser humano puede entrar en un vicioso círculo de soledad, del que a duras penas puede salir.

El diálogo es la única arma eficaz en una relación. No puedes tener una relación y prescindir del diálogo, indistintamente de la naturaleza de la relación. El diálogo es el fundamento de la comunicación, confianza y conocimiento de las personas.

Cuando los canales de comunicación están cerrados. Es probable que el tiempo ya haya transcurrido y tú, en calidad padre, atrapado en el torbellino de la vida, te encuentres en la imposibilidad de comunicarte con tu hijo. Y así llegas a preguntarte: *¿Cuándo transcurrió todo este tiempo? ¿Cuándo creció mi hijo? ¿Dónde está ese niño a quien hace poco, mano en mano, le llevaba a la guardería infantil?* Y tú alma anhela una conversación abierta con él, quisieras saber qué está pensando o sintiendo, quisieras confesarle tus pensamientos, pero la cercanía parece imposible, las discusiones, como también los silencios, están cargados de demasiados resentimientos y reproches. Hay una carga invisible en vuestros hombros. El universo entero parece apoyarse sólo en ti y en él. Tienes la impresión de que jamás podrás hablar realmente con él. Y quieres desesperadamente cambiar algo, pero no sabes qué.

La realidad con la que te enfrentas no es fácil. A primera vista parece irrecuperable y sin embargo, si puedes cambiar algo, debes empezar contigo mismo, desde el interior hacia el exterior. Es la única manera de conseguirlo. Olvida las críticas, deja de juzgarlo y ábrele tu corazón. Puede parecer algo insignificante, pero no lo es. Y tampoco es fácil de hacer, ya que todo ocurre en tu interior. Si logras un cambio profundo en tu interior, seguramente se observará también al exterior. De hecho, hasta tú lo podrás notar. Acuérdate qué sentiste cuando nació y te resultará más fácil. La alegría que invadió entonces tu corazón es el amor incondicional. Recuérdalo, vívelo de nuevo y déjalo que te vuelva a colmar. Al sentirlo, sabrás lo que hay que hacer. Le darás la oportunidad de que regrese hacia ti, le abrirás la puerta para que pueda entrar en cuanto su corazón sienta la llamada de tu amor incondicional.

Seguramente que ahora, siendo ya adolescente o joven adulto, está preocupado por otras cosas. Hay otros temas e intereses que lo acaparan al igual que a ti cuando tenías su edad. Tu primer paso es *el cambio* y el segundo *la paciencia*. Debes armarte de una paciencia de hierro, porque sabes cuál es la razón de tu lucha. Porque está en juego tu paz interior y la de tu hijo. Porque hay una belleza en la relación padre-hijo de la que quieres gozar con él. El tercer paso es *la fe*. Mira hacia el futuro sin la carga de tus preocupaciones, temores, penas y desgracias y deja que tome forma de tus nuevos pensamientos luminosos. No es fácil. Lo sé. Aniquila el pasado, olvídalo y goza a tu hijo tal y como es ahora y déjate invadir por ese amor. Tu pensamiento luminoso recorrerá el universo y llegará a su corazón.

Reza por tu cambio, por el suyo y por vuestra relación. Muchos confunden la fe con la religión. No debes ser creyente para tener fe. La fe puede existir más allá de cualquier dogma o filosofía. Es ese brote de sentimiento que late en tu corazón y que nadie puede cambiar. Es algo que no puede ser desgastado por ninguna intemperie, algo que resiste más allá de todo y que dirige tu destino.

Tu oración y tu confianza pueden cambiar mucho. Por lo demás, deja que las cosas sigan su curso y ten paciencia. No te asustes por las situaciones desagradables que se repiten, déjalas pasar por tu lado, conviértete en espectador porque sabes que vendrá aquel momento en el que finalizarán, ahuyentadas por tus buenos pensamientos del mismo modo que el sol ahuyenta las nubes en el cielo. Cuando el cielo está cubierto por nubes negras, sabes que el sol volverá a aparecer en algún momento, no con toda la exactitud, pero tienes esa certeza. ¿Por qué no puedes creer que tu relación con tu hijo será más bella y más íntima? ¿Porque depende de vosotros? Pero tú ya empezaste a cambiar. Goza el cambio. Tu cambio empezó en el momento en el que decidiste que deseas cambiar algo. Ya conoces la dirección, trabaja en tu interior y ten paciencia. Es un trabajo más duro que cualquier otro trabajo físico, pero ¡vale la pena! Cuando te conectes con la luz de los ojos de tu hijo, sentirás una alegría que recorre tu cuerpo como un rayo. Serás ligero, tan ligero como un pájaro y querrás volar. Flotarás y serás el universo entero. ¡Sentirás la dulzura de la vida!

También hay cambios por hacer en el exterior. Una casa debe ser pulida tanto en el exterior como en el interior, y muchas veces es difícil saber por dónde hay que empezar: ¿interior o exterior? Sólo tú lo sabes. Antes de nada, no pierdas ningún momento en el que tu hijo tenga el alma abierta hacia ti. Si abrió la puerta, entra, acógelo con los brazos abiertos y pensamientos puros, omite las demás cosas, fija tus prioridades. Personalmente, cuando visito a mis padres, me aprovecho del café de la mañana, porque ese es el momento cuando están más disponibles para hablar y transmitir sus pensamientos. Los cargos del día aún se dejan esperar y sus corazones están abiertos. Sí, lo sé, la situación es distinta, en esta historia soy yo el hijo, pero el mecanismo funciona de la misma manera. Los momentos no se parecen, pero he gozado muchos ratos felices.

Otra cosa que puedes hacer es decirle lo que tienes que decir sólo si estás convencido de que eso tendrá un efecto positivo. Decirlo sólo para desahogarte no es beneficioso para él, y tampoco lo es para ti, aunque te lo parezca. Por ejemplo, irritado ya por tus problemas, necesitas su ayuda. Lo llamas, pero él aparece a paso de tortuga, con un ritmo tan lento y desfasado en comparación al tuyo que te saca de quicio. Si empiezas a gritarle o insultarle, todo está comprometido. Tú ya eres un manojo de nervios, también lograste irritarle a él y así todo se complica sin solución. Por lo tanto es mejor que te calles si no eres capaz de explicarle con calma que te sientes apremiado y necesitas su ayuda.

La clave está en: ¡dejar de lado el orgullo! Nuestra vida entera gravita alrededor del orgullo y lo único que trae es soledad y desgracia, porque nada se puede construir a partir del orgullo. *¿Quién eres tú para decirme eso a Mí? ¿Sabes cuántos sacrificios he hecho Yo por ti? ¿Te atreves a enfrentarme a Mí? ¡A mí nadie me dirige! ¿Ya lo ves? ¡Te dije que esto iba a pasar!* Y esas son sólo algunas de las manifestaciones del orgullo. Muchas ocurren sólo en el interior y resultan más asoladoras. Tú hijo ya es grande, es un adulto y no vive contigo. Te hace falta, pero últimamente lo llamas tú. Piensas: *¿Llamarlo yo de nuevo? Voy a ver* *cuándo se acuerda él de mí.* Deja esas necedades, agarra el teléfono y llámalo. Es tu necesidad, así que ¡resuélvela! Indiferentemente de lo que encontrarás en la otra parte del auricular, tú hiciste lo que tenías que hacer y muchas veces la respuesta que recibes depende de tu actitud interior. Porque ella se transmite a través de tu voz, tus pensamientos.

Si tu hijo quiere dedicarse al deporte y tú te opones y le dices: *¿Deporte? ¿Y tu futuro?* O bien te dices por dentro: *¿Mi hijo? ¿Deporte?* Entonces será el orgullo quien pase a la acción.

Muchas de nuestras reacciones se tejen alrededor de la vanidad y de lo que somos en relación con los demás. Analiza tus conductas, persigue esos pensamientos callados y descubre la fuente de tus reacciones, eso te revelará qué ruta debes seguir.

Intenta compartir tus experiencias con él y conocer sus preocupaciones. Así, al querer abrir un tema que le apasiona o preocupa, su alma se abrirá.

Resumen al final del capítulo

- El conocimiento de la naturaleza humana no debe ser sólo el tema de los psicólogos, conocer a tu hijo es tu deber de madre o padre.

- Una buena comunicación con tu hijo se apoya en su conocimiento, comprensión y escucha.

- Asegúrate que aquello que quieres transmitir a tu hijo es fácil de entender. Puedes pedirle que repita lo que entendió, o bien puedes volver a repetirlo tú mismo, pero dicho de otra manera.

- Una comunicación verdadera no es algo formal, como una pregunta que recibe su respuesta. Es el resultado del entendimiento recíproco a todo aquello que pasa en el alma del otro. Una comunicación verdadera se nota en la luz que desprenden los ojos de tu hijo y en su tono vital.

- El hijo necesita la atención de sus padres. La cualidad de tu atención es más valiosa que su duración. El simple hecho de que seas su observador le fortalece el sentimiento de que vive y que es valioso, cosa que le aumentará la autoestima y le completará.

- De manera indiferente a la edad que tienes tú o tu hijo así como de los problemas con los que los dos os enfrentáis, siempre habrá algo que puedas hacer para mejorar tu relación con él.

4.

El lugar donde tu hijo se siente protegido

Lo que tu hijo necesita para un crecimiento armonioso es un nido, un lugar agradable donde el amor de sus padres le sirva de sustento espiritual. Y este lugar sólo lo pueden crear los padres[2], siempre con amor, fe y respeto ante la vida. Un alma bella se nutre de la armonía de los padres y necesita la dedicación de los dos en este acto de la creación, que es el crecimiento y la educación de un hijo. Sé que ahora he tocado un tema doloroso ya que hay muchas

---

[2] *Nota del autor: me refiero a todos aquellos que asumieron este papel, sean padres biológicos, adoptivos o abuelos.*

situaciones en las que la gente convive por otras razones diferentes al amor o la armonía. Y los niños sufren las consecuencias.

No voy a indagar mucho en este tema ya que no es un tema a tratar en esta ocasión, pero tengo que hacer hincapié en lo importante que es para el nuevo ser la armonía de la casa, es decir, la armonía entre sus padres.

Desgraciadamente pocas son las familias en las que reina la armonía y la comprensión entre los padres. Al inicio de la relación, la atención de los padres se enfoca en otras cosas. No se enfoca en cuánto se armonizan uno con el otro o bien si tienen las mismas expectativas en cuanto al futuro. De todos modos, hay pocas posibilidades de que dos personas se armonicen totalmente desde el principio. Además, sentimos la tentación de elegir a alguien que es nuestro contrario, por la idea de que nos pudiera completar, pero con el paso del tiempo, tarde o temprano, empiezan los conflictos. Por consiguiente, la oportunidad de las parejas y de los padres es la de *evolucionar juntos*, de manera indiferente al punto donde ahora se encuentran, ya sea individual o conjuntamente. La clave es querer y saber dónde estás y dónde quieres llegar. Cuando hay una meta en común el resto viene por sí solo.

¡Ah, sí! Se me había olvidado decirte lo siguiente: también la ruta que eliges es importante. Ella te puede acercar o alejar de tus deseos.

Está claro que la práctica no resulta tan fácil y lo digo también desde mi propia experiencia.

Pero la presencia de un hijo en tu vida es una oportunidad que tienes para evolucionar, una oportunidad que te regala la vida. Es indiferente tu situación actual, a través de tu hijo tienes la posibilidad de desarrollarte como ser humano, en toda su complejidad. E insisto aquí con esta afirmación justamente para que entiendas que la presencia de un hijo en tu vida, sea cuando sea, puede ser la oportunidad de cambiar las cosas, pero empezando por ti mismo. Sólo debes tener la mente y el corazón abiertos.

El cambio debe comenzar en ti. Cualquier cosa que quisieras cambiar en tu alrededor, la ruta idónea pasa siempre por ti.

Tu cambio generará otros cambios en tu derredor. Exactamente como cuando tiras una piedra en el lago y las ondas van propagándose, cada vez más lejos del lugar donde ha caído la piedra. Para cualquier cosa de tu vida que te hace infeliz, *tú* eres el lugar donde debes iniciar el cambio, el lugar donde debes tirar la piedra.

En un documental sobre la vida de los animales decían que los lazos unidos en familia incrementan la tasa de supervivencia de las crías. Y creo que esto es válido, cuanto más aún, también para el ser humano. La armonía de los adultos genera una energía que envuelve al joven ser y le guía en el crecimiento y la evolución. En lo que concierne al ser humano, la fuerte conexión entre los padres no sólo prepara al niño para enfrentarse a la vida, sino que también le ofrece la base y las raíces necesarias para una existencia plena, en armonía consigo mismo y con todo aquello le rodea.

En cuanto a los iconos de la historia de la humanidad y su evolución, podemos observar también el papel decisivo que desempeñaron los padres, su personalidad y la relación padres-hijo.

A veces un simple gesto nos puede cambiar el destino. Un gesto simple, pero con un eco notable en nuestra conciencia puede ocasionar un giro en nuestra vida. Si miramos hacia el pasado, cada uno de nosotros puede identificar una palabra, un gesto o una acción que le ha encaminado hacia la ruta donde está ahora.

El espacio donde vivimos deja su sello en nosotros. La gente que nos rodea y las relaciones también nos influyen. Cada niño es como un espejo que refleja la imagen del medio en el que vive. Todo lo que ocurre en el espacio donde el niño vive se proyecta en su personalidad y su conducta. No pocas son las veces en las que aparecen reflejados aquellos aspectos escondidos, callados, que muchas veces quieres ignorar, hasta cuando, de una manera u otra, te llaman la atención y ya no los puedes desdeñar. La conexión entre el medio y el niño se puede observar directamente, pero también puede ser sutil, encubierta, porque el alma del niño es como un mar en el que circulan varias corrientes, de tal manera que en la superficie no se puede divisar qué hay en sus profundidades. Por lo demás, tú mismo sabes cuántas cosas ocultas y pensamientos callados anidan también en lo hondo de tu alma.

Cada uno de nosotros se siente a gusto *en casa*. Éste es el sentimiento que un niño debe vivir en el hogar creado por sus padres, lugar que debe infundirle la sensación de ser protegido y amado. Sin temores y envuelto en amor, el ser humano puede aprovechar todo su potencial. De otro modo, bajo el imperio del miedo, su evolución será sólo una reacción de protección en contra de sus temores y no un acto de creación, como pudiera ser.

En los 21 años de matrimonio vivimos en cinco hogares y siempre nos hemos sentido *en casa*, aunque se tratara o no de nuestro propio hogar (porque en la mayoría de las veces no lo era). Siempre nos ha atraído la idea de crear un nido con nuestras propias almas y manos. Nunca se ha tratado solamente de un *simple lugar* en el que vivir. Siempre ha sido nuestro hogar, impregnado por nuestro amor, el lugar donde estábamos a gusto juntos, indiferentemente de su tamaño.

Más allá de la personalidad de los padres y de las demás personas que lo rodean, un niño, como también un adulto, sufre una influencia por parte del medio físico. Cuanto más este medio está conectado con la naturaleza y tiene una relación profunda con ella, mucho más el niño se acercará a su propio yo. Su alma estará más abierta y su energía más pronunciada para gozar la alegría de la vida.

Ningún recuerdo de la madurez puede igualar el recuerdo del niño, con su espíritu libre en medio de la naturaleza. Siempre los recuerdos que involucran la naturaleza tendrán prioridad, porque emanan una alegría y una energía extraordinarias. Por eso el patio de los abuelos que viven en el campo es irremplazable. Si tu hijo tiene la oportunidad de jugar en un patio, sea en el campo sea en casa, sobre todo en casa, es realmente privilegiado.

La construcción y el adorno del espacio físico es un acto de creación. Ahí se siente o no la armonía de las manos creadoras. Cuanto más natural y menos prefabricado es el espacio que nos rodea, mucho mayor será el bienestar del ser humano.

En este espacio del amor, el niño necesita un lugar que sea solamente suyo, un lugar donde los demás tengan acceso sólo si él se los concede. Cada persona necesita sus momentos de soledad para volver a encontrarse. Y el niño tiene las mismas necesidades, por lo tanto hay que tratarlo con respeto, porque ninguno de nosotros está eternamente a la disposición del otro.

Este lugar puede ser su habitación, la cabaña del árbol, el toldo del patio, o cualquier otro espacio que pueda ser sólo suyo.

Con el paso de los años, el niño sentirá cada vez más la necesidad de su propio espacio, un lugar donde pueda estar consigo mismo, sin intrusos.

Hay unas coordenadas en ese espacio llamado *en casa* que trazan dos ejes fundamentales en la vida de tu hijo. Uno es representado por la vía del amor y el otro, por la vía del pensamiento. Y puedes tener plena confianza de que no entran en conflicto uno con el otro, sino todo lo contrario, cuando coexisten, la vida del ser humano, en este caso la de tu hijo, puede ser maravillosa.

En torno a estos ejes se pueden perfilar la felicidad y la calma interior de tu hijo, y tú eres la persona que contribuye a su creación.

Resumen al final del capítulo

- El amor y la armonía entre los padres le dan al niño un sentimiento de seguridad. La personalidad de los padres y su relación desempeñan un papel importante en la evolución del hijo.

- Varias personas tienen una relación conflictiva debido a las visiones diferentes acerca de la vida. La evolución en común, pero también la individual, puede ser una solución si hay también notables puntos en común.

- Los lazos unidos de la familia ayudan al joven ser a enfrentar la vida.

- El medio físico donde el niño vive es muy importante.

- La naturaleza es el lugar donde el niño se puede acercar mejor a su propio yo.

- El niño necesita un espacio que sea únicamente suyo.

5.

Tú le enseñas
a tu hijo a amar

Muchas veces las cosas de la vida no son lo que parecen ser. Ni siquiera el amor es lo que inicialmente creemos que es. Ni el afecto, ni las preocupaciones en cuanto al otro. Su fuente la representa más bien el miedo. El amor hacia una persona significa querer su bien, implica tu pensamiento luminoso y tu comprensión, el respeto hacia todo aquello que a uno lo define como individualidad, y la ayuda que le ofreces para que crezca en esta dirección.

Los padres suelen preocuparse mucho por sus hijos.

Nos hemos acostumbrado a transmitirles a los hijos nuestras preocupaciones, pensando que sólo así los podemos proteger. Creemos que si los hijos toman nota de estas preocupaciones, eso les pondrá a salvo, pero no hacemos más que conseguir que las preocupaciones penetren en las almas de nuestros hijos y así entorpecerles la vida.

Preocuparse es humano, pero no sano. Tus preocupaciones para con el hijo son como una sombra que lo envuelve. Son una energía que no le ayuda con nada sino, al contrario, parece frenar su desarrollo.

Muchas veces ocurre que los hijos toman otras decisiones que se apartan de su verdadero querer, como consecuencia de la influencia de las preocupaciones de los padres. Y es que ellas no carecen de efecto, sino que ejercitan una presión sobre el niño o el joven. Todo pensamiento, sentimiento o vivencia tiene sus consecuencias.

El amor verdadero, limpio, sincero, abre todas las puertas. La docencia de un padre no experimentado tiene muchos huecos, pero a través del amor se pueden resolver muchas situaciones difíciles. Puede ocurrir que el niño pruebe seriamente tus nervios y que no sepas cómo actuar porque nunca antes te hayas enfrentado con una situación similar. Pero si el amor anida en tu alma, él te guiará y te ayudará a encontrar la mejor solución para los dos, una ruta que no oprima su ser y que tampoco te cargue a ti.

Muchas veces los padres se comportan con los hijos en función de la relación de sus fuerzas, así que sabemos perfectamente qué desigualdad implica eso. Su comportamiento con el niño es semejante al trato de los que tienen la misma edad, es un intento de demostrar que tienen razón y que el poder está en sus manos. En otras palabras, que ahí ¡ellos "mandan"!

Ahora te pregunto a ti, padre o madre: *¿Quieres tener razón o quieres ser feliz?* Si entras en la primera categoría, puedes olvidar tanto tu felicidad como la de tu hijo.

El deseo de tener razón viene de la necesidad de tener poder. Que, a su vez, surge del miedo. El miedo de sentirse inferior, del fracaso, del ridículo, de la incapacidad, etc. Ostentar tu poder en la relación con tu hijo, sin importar su edad, resulta un acto tanto en tu detrimento, como en el suyo. De este modo lo alejas de ti, pierdes su confianza y desperdicias una de las cosas más maravillosas de tu vida. Y es que no hay nada que se pueda olvidar totalmente, aunque nuestros recuerdos empiezan a palidecer y ya no registran todo. Todas las informaciones y los aconteceres de nuestra vida quedan empotrados en nuestro cuerpo, nuestra psique y nuestras emociones. Y, de manera sutil, nos dirigen la conducta y la personalidad.

Regresando al amor que sientes por tu hijo, éste no viene de las preocupaciones o del miedo ante lo que le pudiera ocurrir, no significa su manipulación hacia la dirección en la que tú crees que estaría a salvo, no es el sermoneo hasta la obsesión en la esperanza de que algo llegará a aprender, no es el juicio crítico que quiere enderezarlo o encaminarlo hacia la ruta que tú quieres...

El amor es todo aquello que le regalas a nivel espiritual y emocional, sin alterarle el alma o agredirle. Es el permiso de que sea él mismo, es la aceptación, es tu confianza en él y en lo que puede llegar a ser. Es tu rezo por él y la confianza con la que cuenta. Es el apoyo que le das para que sea lo que quiere o puede ser.

Tú como padre o madre sabes que lo quieres, pero ¿él lo sabe también? ¡Muéstrale tu amor! Nunca dejes de mostrárselo y éste será el regalo más valioso que le puedes ofrecer. Muéstrale tu amor en cada gesto y en cada palabra.

Siendo padres, nos equivocamos por falta de conocimiento o por demasiado sufrir. Tantas penas llevamos dentro que ya no caben también las del hijo. No nos equivocamos por mala intención. Aprendemos de nuestros propios errores, ya que, al parecer, no queremos aprender de los errores del otro. Nos gusta experimentar nuestras propias vivencias. Y cuando ya estamos hartos, pensamos: ¡de haberlo sabido antes! ¡Bueno, lo hecho, hecho está! Pero de haberlo sabido, ¡¿hubiésemos actuado de otra manera?!

Los padres son los que abren la ruta del amor a su hijo o bien son la puerta de los miedos, de los temores, de la desconfianza. ¿Qué prefieres ser para tu hijo? A través de todo lo que hacen en relación con él y con todos los demás. No le enseñes la crítica dura para con él o con el otro, porque la superioridad no viene de esto. Solo el amor lo puede elevar, porque el amor está encima de todo. Si eres una persona muy crítica, tu alma es la primera que se aflige. Si hay muchas cosas, situaciones o personas que te incomodan, mira hacia ti y piensa: "Estoy satisfecho conmigo mismo? ¿Me gusto tal y como soy?" Es posible que te lleves una sorpresa y descubras que, de hecho, tú mismo eres la fuente de tus desgracias.

La ruta del amor es la ruta de la aceptación, tanto de los propios errores como de los del otro. De la expresión individual, de la diversidad y de los contrastes. No todo el mundo tiene que ser como tú, como tampoco tú debes ser como los demás.

La ruta del amor es la ruta del perdón. Significa dejar atrás los resentimientos ante todos los que te hirieron, incluso hasta ante ti mismo, pero antes debes conocer y entender.

La ruta del amor es la ruta de la compasión. De la comprensión del sufrimiento del otro y del apoyo que eres capaz de dar.

La ruta del amor es la ruta de la alegría ante la existencia y todo lo que ella te puede ofrecer. No obstante, lo que tú recibes, depende de ti.

La ruta del amor es la ruta de la entrega. Significa no esperar recibir para poder dar, es entender los lazos sutiles entre ti y el otro.

La ruta del amor es la ruta de la confianza, en ti y en el otro, o sea tu hijo. Confianza en lo más profundo de su ser, en su fuerza de vencer, en su luz interior. Solamente debes divisar esa luz y observarla. Esto le fortalecerá.

Tú, padre o madre, eres quien le abre al hijo el camino del amor. Tú le enseñas a tu hijo a amar. Tú lo encaminas en una ruta luminosa o tenebrosa. ¡Sé consciente de todo ello!

Resumen al final del capítulo

- No le ayudas a tu hijo si le transmites tus temores. Las preocupaciones de los padres cargan y cercan el alma del niño.

- No hay ninguna meta que justifique la agresión física, psíquica o emocional del niño. Ni siquiera el pensamiento de que *¡Es por su bien!*

- Los padres no se equivocan por mala intención, sino porque no saben cómo actuar o porque se sienten colmados por sus propias penas.

- Si los padres no se sienten listos para desempeñar su papel, siempre encontrarán las soluciones idóneas para todas las dificultades con las que se enfrenten si en su alma hay amor verdadero.

- El amor significa divisar la luz del alma del hijo, observarla y apoyarla en su camino.

- Los padres les enseñan a los hijos a amar.

6.

La fábrica de pensamientos de tu hijo

Mamá, ¿por qué la gente no puede vivir sin pensamientos?
Alejandro, 5 años

Es cierto, la gente no puede vivir sin pensamientos, pero puede sosegarlos, templarlos, cambiarles la carga, la orientación o desplazarlos desde el área gris o negra hacia la luz.

Los pensamientos son la fuente de las vivencias, forman ese punto de partida que se refleja en toda nuestra vida. Sus ondas se propagan hasta los más recónditos rincones del ser humano y se templan sólo a través de sus acciones. Al analizar la vida de una persona puedes descubrir sus pensamientos ocultos o, al revés, conociendo sus pensamientos, puedes ver hacia dónde le lleva la vida. La esencia de nuestra vida depende de los pensamientos. Éstos son la verdadera fuente de la comodidad y de la paz interior. Sobre qué representan y cómo nos influyen los pensamientos en la vida he tenido la ocasión de escribir en mi primer libro[3], así que no buscaré repetirme. Lo que quiero subrayar ahora es el papel del pensamiento en nuestras vidas y cuán de importante es educar a los hijos a pensar.

Educar no significa sermonear o reñir, sino ofrecer antes de nada nuestro propio ejemplo.

A lo largo del tiempo se ha favorecido un aspecto u otro de la naturaleza humana, a veces con más enfoque en la lógica, otras veces en la afectividad. Cuando la gente no pudo encontrar respuestas a través del juicio

---

[3] *7 Pasos para educar hijos felices – Principios que acompañarán a tus hijos para toda la vida*, Bucarest, Editorial Benefica, 2012.

a todas esas interrogativas que fueron surgiendo, empezaron a desprestigiar el papel de lo mental en la vida. El ser humano vacila entre los dos polos de su existencia cognitiva, la razón y el sentimiento, sintiéndose atraído por uno y por otro.

Sin embargo, la felicidad del ser humano depende del equilibrio. Una cantidad mayor o menor de los ingredientes necesarios para la felicidad puede dañar de la misma manera. El pensamiento, como también la afectividad, tiene su papel en la existencia del ser humano y sólo conjuntamente pueden favorecer su desarrollo armonioso.

Al nacer, el ser humano tiene la mente vacía de pensamientos. Al interaccionar con el otro y bajo la influencia del medio exterior, los pensamientos empiezan a perfilarse. *Los patrones* según los cuales se forman los pensamientos representan *los canales* que guiarán la energía del ser humano en un sentido u otro durante su evolución, ellos orientarán la vida del individuo como una locomotora que guía al tren hacia determinada dirección. El juicio, a manera de una locomotora, nos puede llevar hacia nuestra felicidad o bien hacia una ruta totalmente opuesta.

Ya se trate de pensamientos positivos o bien de pensamientos negativos, el ser humano piensa siguiendo unos patrones. Esto significa que tiene un esquema lógico que sigue al margen del contexto. En la formación de los patrones de pensamiento del niño, los que más importan son los patrones transmitidos por los padres. En la *fábrica de pensamientos de tu hijo*, TÚ eres el más importante proveedor de materia prima.

El pensamiento nos ayuda a evaluar la realidad objetiva, nos ayuda a analizar dicha realidad y su raíz, para lograr formar estrategias de subsistencia. Si el pensamiento se alimenta sólo de la realidad subjetiva, podemos decir que *andamos por los cerros de Úbeda*. Y de la deformación de la realidad a su recreación en la dirección percibida por nosotros hay sólo un paso.

Los fantasmas del juicio que nos consumen la paz y la energía y, que nos encaminan hacia una zona gris de nuestra existencia, imponen su presencia a través de nuestros temores y miedos, de la crítica destructiva y de la intolerancia, de la ira, la envidia, la culpa, los celos, el odio, etc.

Algo debe quedar claro: si estos fantasmas viven dentro de nosotros, sus semillas germinarán también en nuestros hijos. Depende de ellos si dichas semillas llegarán a brotar.

La capacidad del ser humano de *juzgar* se ha ido desviando de su papel principal, es decir, el de entender, discernir, apreciar y a raíz de todo ello, ser capaz de tomar la mejor decisión. Juzgar se ha tornado actualmente en el equivalente de condenar a nuestro prójimo por sus acciones, al margen de si el resultado nos afecta o no. Se ha vuelto una forma de opinar, para uno mismo o abiertamente, un tipo de parloteo fácil destinado a ubicarnos encima del otro. Una victoria ganada ya antes de que haya empezado la guerra. ¡Comprendamos o no, lo más importante es opinar y además sería bueno ganar una posición ventajosa porque nunca se sabe cuándo nos servirá! Pocos son los que se dan cuenta de que este parloteo crítico no trae ningún beneficio, sólo provoca tormentas en el corazón de la gente y envuelve al propio yo en una especie de capullo.

Pero todas las manifestaciones del juicio crítico salen muy a menudo a la luz. No pueden permanecer sólo en el interior, sino se hacen visibles en todas nuestras conductas y resultan muy fáciles de copiar por los niños. Además, el que se muestra severo en el juicio de los demás, también lo es consigo mismo, aunque es posible que no se dé cuenta de ello. Así como el que se acepta a sí mismo, también acepta fácilmente al otro.

Llevamos atrás una historia llena de juicios críticos y no es fácil desacostumbrarse de ellos, y más aún cuando todo lo que nos rodea nos encamina hacia esta dirección. Pero pensar en la paz de nuestros hijos puede ser una motivación para iniciar un cambio hacia la ruta deseada. Y, al final, no sólo nuestros hijos tendrán que ganar, sino también nosotros.

Ahora bien, la pregunta fundamental es ¿cómo podemos regresar al pensamiento bueno e íntegro si en nuestra mente hay un torbellino de juicios revueltos? La respuesta no es fácil, pero a lo mejor nos puede ayudar la idea de que nuestros pensamientos tienen efecto y la ruta más corta hacia el bien toma contorno de esos juicios dirigidos hacia la buena fe, la honestidad, el amor desinteresado, la eliminación de los juicios y de las palabras inútiles, todo ello con enfoque en nuestra vida y evolución, en relación con nosotros mismos y con el otro y con consideración hacia nosotros mismos y el otro.

A la hora de cambiar, lo más importante es *querer* el cambio conscientemente y *saber su dirección*, aunque no sepamos cómo hay que hacerlo. Una vez que hayamos declarado mentalmente la intención y la finalidad, ellas abrirán el camino y, poco a poco, en las futuras elecciones, nos sorprenderemos en pleno proceso del cambio.

En la mente torcida también lo bueno se tuerce – decía Arsenie Boca. Eso significa que, al margen de la realidad objetiva, nuestra mente la altera si nuestros patrones de pensamiento están encauzados, desde el principio, en una imagen prefabricada, o si nuestros pensamientos son sinuosos y faltos de claridad.

Uno de los mayores regalos que le puedes hacer a tu hijo es enseñarle a *pensar*. Más allá de prejuicios, normas y rutas ya fijadas. Cada situación, cada individuo, necesita una comprensión particular, objetiva, adaptada al contexto. En definitiva, una profunda comprensión de la vida y de la naturaleza humana. Si con todo lo que haces le transmites a tu hijo una *manera de pensar*, una ruta que recorrer, reflexiona antes de nada, ¡si esta *manera de pensar* – porque de ahí parte toda tu vida – te trajo a ti felicidad, serenidad y alegría! Si la respuesta es una negativa, entonces surge la interrogativa de ¿por qué se lo quieres transmitir? ¿Porque tú mismo no conoces otra? Puede que con permitirle la libertad de pensar le ofreces también la oportunidad de encontrar su felicidad.

No agobies a tu hijo con tu propia carga. Antes de transmitirle algo, analízate a ti mismo. ¿Te sirvió eso para algo? ¿Te trajo algo bueno? Con bueno me refiero a la paz interior, porque ahí está la felicidad.

La mente del ser humano trabaja continuamente, sin tregua y muchas veces apenas le permite *recobrar el aliento*. Muchos son nuestros pensamientos, claros o confusos, bellos o desagradables. A través de la mente y la fe nos creamos el mundo en el que vivimos. A través de la mente nos fraguamos los sueños y cultivamos nuestros deseos. En qué medida contribuye la mente en la construcción de la realidad próxima observada por el pequeño Dan, un niño de 5 años: "Mamá, mi mente se fue a hacer un muñeco de nieve". Antes de construir nuestra casa pensamos en ella, antes de comprarnos ropa pensamos en qué necesitamos y cómo quisiéramos que se viera, antes de buscar un empleo pensamos en qué queremos de ese trabajo (dinero, estatuto social e imagen, comodidad, colegas amables etc.), antes de casarnos tenemos unas expectativas fomentadas también por los pensamientos. Los pensamientos crean la realidad y, si reflexionamos un poco en cuáles eran nuestros deseos y pensamientos en el pasado, si examinamos esa distancia entre pasado y presente, vamos a ver que podemos divisar un hilo entre ellos, que hay una conexión directa. Es muy posible que dicha conexión no sea visible a primera vista, pero si la realización de tu deseo ha fracasado, piensa en cuánta confianza tuviste al principio de que eso iba realmente a funcionar.

Pero ¿qué podemos hacer con nuestros pensamientos? ¿Cómo podemos frenar algo que parece no tener tregua? ¿Cómo podemos evitar transmitirles a nuestros hijos esa carga, nuestros patrones mentales, que nada bueno traen?

Antes de nada es importante entender la *fuente* de los pensamientos malos, negativos, destructivos, que nos zozobran. Detrás de ellos reside el miedo, bajo todos sus aspectos: miedo a la enfermedad, a la pobreza, a la soledad, a la muerte, el miedo de que no nos quieran, etc. Cuanto más grande es el miedo, mucho más terribles son los pensamientos y más fuerza destructiva poseen. Muchas de nuestras decisiones y acciones se fundamentan en una especie u otra de miedo. Es muy posible que detrás de una relación de pareja se esconda el miedo a la soledad o el miedo a las deficiencias materiales, financieras, etc. Puede ser que al abrumar a nuestro hijo con demasiadas peticiones y tareas para su edad, se trate también del miedo ante su futuro: el miedo que no llegará a la altura de los demás, que otros niños serán mejores que él, etc. Muchos miedos se pueden ocultar detrás de las decisiones más simples que tomamos. Cuando te empeñas en que tu hijo haga algo, presta atención y descubre qué hay detrás de tu deseo: ¿se trata realmente de su bien y su seguridad o es de hecho un miedo tuyo? *No confundas tu miedo en cuanto a él con su seguridad ya que no son la misma cosa.*

Todos los pensamientos negativos o desagradables nacen del propio miedo. Si nos acosan, hay que hacernos esta pregunta: "¿Por qué tengo miedo?" Indaga en lo más profundo de tu ser y busca la verdad. Sólo ahí la encontrarás. Sólo tú sabrás qué monstruos debes extinguir. Una vez conozcas tus temores, pregúntate cómo puedes ahuyentarlos y la respuesta vendrá por sí sola. Debes tener paciencia ya que tarde o temprano la respuesta que buscas aparecerá. Pero para eliminarlos del todo se necesita mucho trabajo, un trabajo constante y un faro que te guíe. Al margen de donde estés, debes saber hacia dónde te encaminas.

Sabemos que la fuente de nuestros pensamientos negativos la constituye el miedo, pero ¿cuál es de hecho la fuente del miedo? Creo que aquí podemos hablar sobre dos aspectos del ser humano. Por una parte, *la desconfianza* en sí mismo, y por la otra, la *falta de conocimiento*.

Claro, se puede hablar también sobre miedos como resultado de unas experiencias traumatizantes que nos sensibilizan y nos amplifican las emociones y los pensamientos negativos.

En cuanto a la falta de conocimiento, es útil que en las situaciones críticas no perdamos la cabeza. Porque, como es obvio, el pánico nos cegará y nos impedirá entrever posibles soluciones. Así que lo que más ayuda es guardar la calma y seguir escudriñando. Si la mente y el alma están tranquilas, las soluciones no tardarán en aparecer. Debes saber que tu manera de "reaccionar" en determinadas situaciones se la transmites también a tu hijo. Lo más indicado no es reaccionar, sino accionar después de que hayas recuperado la paz interior, ver, analizar y seguir el curso de la lógica cuanto más cerca de la solución que seguramente aparecerá.

Y la solución que encontramos – ya lo he dicho – puede que no sea la perfecta o la que más deseamos, pero aquí se trata también de otras capacidades nuestras, como la maleabilidad. Si te encuentras ante una situación delicada o crítica, la maleabilidad te puede salvar al determinarte aceptar una solución temporal, una que no sea justamente a tu gusto. Pero que te ayude a superar el momento y te de la tregua tan necesaria para poder replegarte.

Si estás en una situación crítica, infórmate. No permitas que los temores invadan tu alma porque la caída será dura y el camino hacia la luz aún más sinuoso. Mira a tu alrededor y busca personas de confianza. Pregúntate a ti mismo y también al otro, lee, estudia, investiga. Uno nunca sabe de dónde vendrá la ayuda.

La desconfianza en uno mismo como fuente principal de los temores me parece un aspecto grave. Aspecto que se transmite mucho de una generación a otra a través de la educación. Al inscribir al hijo en todo tipo de programas, sea que le corresponden o no, al meterlo en un régimen y valorarlo sólo si se parece al resto de los niños, no hacemos más que destruirle la confianza en sí mismo. Les enseñamos a nuestros hijos que den crédito a sus padres, a la iglesia, a las leyes, etc., pero no les enseñamos a creer en sí mismos. Una vez derrumbada esa confianza, estarán siempre por caer, ante la menor dificultad, porque en su corazón no ha sido plantada esa fe que aconseja "busca y encontrarás".

Si te enteraste cuál es la fuente de tus miedos ya has dado un gran paso. Deja que los hallazgos se acomoden. Encara tus miedos y busca entender en qué medida influyen tus pensamientos, tus palabras, tus acciones o las elecciones que tomas.

Si los temores te saturan y sientes que no los puedes gestionar solo, puedes solicitar ayuda a profesionales especializados, no hay que sentir ninguna vergüenza por ello. Sólo tienes que encontrar una persona competente y adecuada.

Hay algunas modalidades que pueden cambiar poco a poco los pensamientos. Estoy segura de que ya las conoces, pero una cosa es conocer y otra distinta es entender y experimentar.

- Concéntrate en los *aspectos positivos* de tu vida. Si la contrastas con la vida de los demás, siempre serás infeliz. Siempre habrá alguien que tenga más que tú. Concéntrate en las *cosas bellas* de tu vida, en lo que te gusta hacer, no desperdicies aquello que te trae alegría.

- Concéntrate en las *cosas importantes* de tu vida. Eso no cambiará la calidad de tus pensamientos al instante, pero te traerá beneficios y alegrías a largo plazo. Y te va a regenerar.

- *Cambia algo*, lo puedes hacer poco a poco: la manera en la que ves las cosas, la manera en la que te ves a ti mismo y a los demás, en las palabras, hechos, etc. Y guarda ese ritmo aunque algunos aspectos que no te gusten salgan a la luz. Continúa el trabajo de tu recreación (o redescubrimiento).

- Abandona tu círculo de comodidades, ya que a veces demasiada comodidad, especialmente en el sentido de holgazanería mental, te hace daño.

- *Escucha música*, es terapéutica y los sonidos armoniosos pueden curar el alma. Pero mi recomendación es que tengas cuidado con lo que escuchas. Apreciar un género musical es una cosa y curarte el alma, otra. Tu alma puede necesitar cosas diferentes que aquellas regidas por la personalidad.

- ¡Haz algo *sólo por ti*! Fíjate un plazo – una hora, o cuanto quieras tú – en el que hagas sólo lo que te gusta.

- *Lee* – la lectura puede ser un buen terapeuta y una gran fuente de sabiduría.

- Escoge con cuidado los programas que ves en la televisión, pregúntate si las noticias que oyes o lees te ayudan en algo, más allá de la carga que dejan en ti...

- Pasea al aire libre, *sumérgete en la naturaleza* ya que podrás fácilmente volver a encontrarte.

- Medita, tómate un tiempo para tu alma y quítale todas las cargas, déjala respirar: se va a reavivar y cobrará nuevas fuerzas para poder enfrentar otras preocupaciones.

*

El pensamiento define la naturaleza humana. Es una parte vital, un proceso dinámico que debemos gestionar, criar, depurar a lo largo del tiempo. Es una ecuación con varias incógnitas que descubrimos a medida que entramos en edad y experimentamos la vida. Es la fuente creadora de nuestra vida y de la vida de nuestro hijo.

Una vida buena se puede representar sólo a raíz de una buena dirección del juicio. Los caminos que podemos seguir son incontables, pero hay determinadas rutas que sabemos muy bien dónde nos llevan.

El camino del pensamiento es el camino de la razón, de la comprensión profunda del ser humano y de las cosas que nos rodean.

El camino del pensamiento es el camino recto, de la corrección y la honradez. No es un camino tuyo, individual, sino uno en el que debes vigilar, en la misma medida, tanto tu interés como el de los demás.

El camino del pensamiento es el camino de las decisiones que tomas, de las elecciones que pueden embellecer o estropear tu vida.

Resumen al final del capítulo

- La paz interior depende de la naturaleza de nuestros pensamientos. Cada individuo tiene su manera peculiar de *examinar* sus pensamientos.

- El pensamiento es un proceso de conocimiento que empieza en la infancia y que se impregna de los patrones de nuestro alrededor. Los padres son los que le transmiten al niño la *aritmética* de este proceso.

- Pensar se aprende. Un pensamiento sano se fundamenta en el entendimiento de cada situación en su peculiaridad y en la eliminación de los prejuicios.

- El mundo subjetivo es impregnado por nuestras emociones y vivencias que conllevan a la transformación de la realidad objetiva. Cuando esas dos realidades se aproximan, el ser humano desarrolla su vida espiritual.

- Los pensamientos negativos se alimentan de nuestros miedos, mientras que los miedos se alimentan de la desconfianza del ser humano en cuanto a sus capacidades, en la falta de conocimiento y de los traumas sufridos.

- El cambio de la manera de pensar es un proceso largo y debes armarte de mucha paciencia. Cada momento de tu vida tiene su importancia en este proceso.

- Escoge el camino que más te conviene en cuanto al cambio. Haz la diferencia entre conocer algo y experimentarlo. La experiencia es muy valiosa.

- Sin que queramos, prestamos de nuestros padres y del medio de la infancia una herencia muy poderosa: el mecanismo del pensamiento. Luego luchamos toda la vida con él. Al educar a nuestros hijos les transmitimos nuestros patrones de pensamiento, los sentimientos y los comportamientos, que son la fuente de su evolución.

- Si deseamos que nuestra herencia sea otra, debemos analizar con especial atención aquello que *nosotros* transmitimos a los hijos.

7.

¡Tú eres el maestro de tu hijo!

Ser padre o madre es como caminar sobre el alambre. Necesitas equilibrio para finalizar bien el proyecto. Sin suficiente equilibrio puedes fácilmente resbalar de un lado u otro. La responsabilidad tutelar exagera las preocupaciones y los miedos en cuanto al hijo, algunos, por lo demás, naturales. Pero sin una moderación de lo emocional y mental, arriesgas a dañar a tu hijo. No obstante, el equilibrio no viene por sí solo: una parte la recibes genéticamente y a través de la educación, mientras que la otra parte es el fruto de tu trabajo. La noble meta de criar un hijo armonioso y de ayudarle a que realice su potencial te servirá de apoyo en el encuentro del equilibrio.

Ser padre o madre es tu elección. Es un camino con muchas lecciones. Es una experiencia que nadie te puede quitar: la experiencia de tu desarrollo al mismo tiempo con el de tu hijo. Y cualquier obstáculo no es nada más que un peldaño en tu evolución.

Ser padre o madre es una alegría, pero también una gran responsabilidad. Conozco y entiendo el peso de esta responsabilidad, pero no tienes que dejarte aplastar por ella. Creo que podemos hacer frente a las responsabilidades sin que las permitamos que nos abrumen. Pero para esto se necesita una profunda comprensión de la vida. De una perspicacia y un discernimiento de aquellas cosas que realmente valen. De una fuerte fe, tanto en el sentido oculto de las situaciones, como en nuestra capacidad de enfrentarlas. De una total dedicación en la realización de todo aquello que está en nuestras manos y que depende de nosotros.

¡Ser padre o madre significa ser el maestro de tu hijo! Un maestro que le enseñe con alegría las más importantes lecciones de la vida, un maestro al que hay que seguir con confianza y respeto. Pero para ello debes crecer en los ojos de tu hijo.

Ilumínale y hazle sonreír y él te seguirá con todo su corazón. Caminarán uno al lado del otro, maestro y aprendiz, gozando juntos de vuestras creaciones.

No dejes la educación de tu hijo en manos de otra persona, no antes de haber sentado tú mismo los cimientos. Y cuando entre en un sistema de educación, presta especial atención en qué manos le dejas. Sé vigilante, elige bien a sus maestros, párate a observar su alma y adivina sus motivaciones. ¡Presta atención y no abras la puerta a los extranjeros para que pueden pisotear el alma de tu hijo!

Tu hijo abarca un universo entero. Y ahí tiene de todo, pero en cantidades distintas. Obsérvalo bien y ves qué es lo que predomina, cuáles son sus inclinaciones. Qué semillas brillan en su interior porque son aquellas las que debes regar para que crezcan.

Tu hijo tiene que cumplir su potencial y si le guías en el sentido opuesto, llegará ese momento en el que el sentimiento de la enajenación le acosará el alma, al margen de cuántos libros se haya aprendido de memoria o cuántos bienes materiales posea.

Tu personalidad entera desempeña un papel fundamental en el descubrimiento y en la consolidación de las motivaciones interiores de tu hijo. Sí, lo entendiste bien, de las motivaciones interiores. Si le ayudas a que descubra sus inclinaciones y si le consolidas este camino, su motivación interior crecerá naturalmente y se fortalecerá. Lo mismo pasa al emprender, juntos y con alegría, diferentes acciones o tareas. O cuando él te ve con suma admiración y quiere hacer lo que tú haces. Resulta difícil y poco sano criar a un hijo que recibe sólo impulsos exteriores. Por una parte, llegará a estar sujeto a los demás, por otra parte, los impulsos materiales jamás le bastarán, ya que siempre necesitará más para sentirse satisfecho. Cualquier satisfacción que viene de fuera palidecerá rápidamente y dará paso al próximo nivel de insatisfacción.

La motivación es un aspecto delicado, pero esencial de la educación, y tú como padre o madre debes cuidarla. La motivación es la más importante competencia de tu hijo, la que le dirige el comportamiento. Si quieres moldear su conducta, no intentes obligarlo, sino piensa en aquello que podría motivarlo.

No es tan difícil si te acostumbras a verlo con atención. La gente transmite de manera natural sus sentimientos. Cualquier persona tiene un reflejo de su mundo interior. Sólo tienes que prestar atención y observar.

El papel de maestro es el más grande papel que puedes desempeñar en la vida de tu hijo. La educación de los padres puede reforzar o inhibir el desarrollo del niño. Una educación basada en el amor y en su desarrollo es un terreno fértil que favorece la realización del potencial con el que uno nace.

Muchos males vienen de la educación que acude al apremio, de la educación falta de amor y de atención hacia uno mismo y el otro.

Antes de cultivarle el respeto ante cualquier cosa, debes cultivarle la estima hacia sí mismo. El amor verdadero y la autoestima se reflejarán también en los de su alrededor.

La educación actual pretende el cumplimiento de las reglas sociales, el respeto hacia el otro, pero pierde de vista el respeto hacia uno mismo. Con la construcción de la sociedad el ser humano se alejó de sí mismo. Pero, ¿qué es una sociedad sin el individuo? No podemos vivir en una sociedad bella si los individuos que la forman no tienen esta cualidad.

En la mayoría de las veces la educación que recibimos en casa o en la escuela cultiva las semillas de los futuros conflictos interiores. Las situaciones del tipo: *¿A quién quieres más, a mamá o a papá?*, sólo consiguen generar instantáneamente un conflicto interior. ¿Qué niño pudiera responder sinceramente a semejante pregunta? A pesar de la respuesta correcta, *A los dos*, que halaga el orgullo de ambos padres, la situación en sí deja en los hombros del niño un terrible peso, así que llega a etiquetarse solo: *¡No soy un hijo bueno. Yo no los quiero a los dos de la misma manera!*

La educación que pretende adaptar al niño a la sociedad crea conflictos si no se hace gradualmente, de acuerdo con su edad, para que pueda ser entendida y asimilada por el niño.

Ser un buen maestro para tu hijo significa adaptarte a su personalidad y a su mundo interior, a sus necesidades y a sus inclinaciones naturales. No intentes buscarle una meta fija porque él representa un mundo nuevo que se forma bajo tu varita mágica. Y no puedes saber desde el principio qué recursos esconde dicho mundo. *Tu papel es descubrirlos y crear todas las premisas para que sean aprovechados.*

Una vez con la llegada al mundo, todos recibimos la tarea de llevar a cabo nuestra autoeducación. Todos debemos aprovechar al máximo nuestro potencial. Y al ser padre o madre, esta tarea se duplica. No es fácil, ¡pero te ofrece tantas satisfacciones! Cada generación prepara el terreno para las próximas. Y ahora *te toca a ti* contribuir en ello. Trata de entender a tus antepasados porque, en el contexto en que vivieron, hicieron todo lo que pudieron. Perdónales si también se equivocaron. Ahora te toca a ti. Ahora TÚ puedes cambiar el paradigma de tu familia, es decir, que puedes frenar la transmisión de unas herencias que no te gustan y que te abrumaron.

Piensa en eso: ¿cómo se reflejará la educación que le das a tu hijo en el ser humano del futuro? ¿Cómo le marcará la vida interior y la vida social? ¿Cómo contribuirás tú, a través de tu hijo, al mundo que te rodea?

No descuides la influencia que ejerces en tu hijo porque es una importante contribución en su vida. Ella existe y no es mínima. Sé consciente de ella y guíala hacia la dirección idónea en su formación como Ser Humano. Es tu responsabilidad y tarea de madre o padre. Muchas de tus destrezas deben trabajar en el cumplimiento de esta tarea. ¿Y qué puede ser más grandioso que contribuir en la creación de una vida bella?

Resumen al final del capítulo

- Para ser un padre bueno o una madre buena necesitas equilibrio mental y emocional.

- No te dejes apremiar por la responsabilidad que implica el papel de padre o madre porque perderás su parte bella.

- Los obstáculos que interfieren en tu papel de padre o madre son peldaños en tu desarrollo.

- Tú eres el mejor maestro de tu hijo. Ilumínale el camino con el respeto que merece y comparte con él la alegría de la vida y él te seguirá con el corazón abierto.

- Enséñale la propia estima antes de cualquier otra cosa. Su autoestima es parte de tu respeto hacia él.

- Como padre o madre desempeñas un papel esencial en el descubrimiento y en la consolidación de sus motivaciones interiores. De este modo creas las premisas del aprovechamiento de su potencial y apoyas la fuerza que le impulsará en la gran aventura de la vida.

- La educación de tu hijo – en la dirección hacia el ser humano – puede ser tu contribución en la edificación de un mundo mejor y más bello.

Otopeni, el 13 de octubre del 2013

Biografía del autor

Gabriela Ciucurovschi nació el día 13 de abril del año 1966, en Rumanía. Su formación es la de psicólogo.

Sus preocupaciones se encauzan tanto en dirección a la psicología del niño y de la familia como en la del entendimiento de los mecanismos e impulsos que animan al ser humano.

Ciucurovschi es licenciada en Psicología en el año 1997 en la Universidad de Bucarest. La autora ha realizado un estudio comparativo entre las personalidades maduras e inmaduras desde el punto de vista psicológico y social.

Con una experiencia de más de 10 años en el área editorial, estudios en la Administración de los Recursos Humanos y Análisis Transaccional, la autora se dedica especialmente a la comprensión y la curación del ser humano a través de los métodos complementarios y alternativos.

En 2012 publica su primer libro de educación parental y desarrollo personal "7 PASOS PARA EDUCAR HIJOS FELICES – Principios que acompañarán a tus hijos para toda la vida".

El libro ha sido traducido al inglés, francés, italiano, español, portugués y alemán.

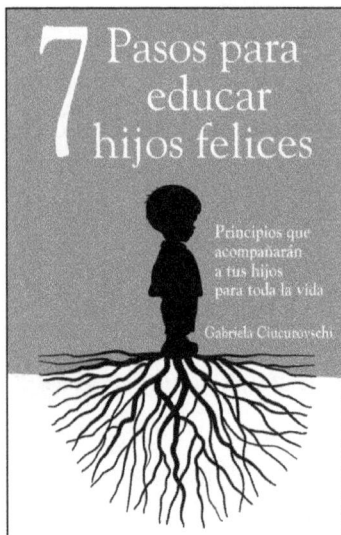

"7 Pasos para educar hijos felices" es al mismo tiempo un libro de educación parental y desarrollo personal.

El libro trata tanto sobre la evolución del hijo como sobre la evolución del padre, ya que en este proceso de la crianza y educación del hijo, del desarrollo de su relación, el padre no es sólo mentor sino también discípulo.

Lo particular de este libro es la manera en la que la autora une la psicología con la espiritualidad y la soltura con la que transmite principios para toda la vida en un lenguaje asequible.

Indistintamente de la edad que tenga el padre/madre o de la edad de sus hijos, el libro le ayuda a volver a encontrarse en situaciones similares, sea en el papel del padre o sea en el del hijo de sus padres.

"7 Pasos para educar hijos felices" es uno de esos libros enriquecedores que puede traer grandes beneficios a largo plazo tanto a los hijos como a los padres.